1 edouard tragicomedie par du calprenede 1640

2 asperie comedie 1636 desmarets ou justin

3 Le mort des enfants d'herdes ou Suitte de mariane tragedie
   par du calprenede 1639

4 esther tragedie par Mr duric 1644

5 Les deux amis tragicomedie par Mr chevreau 1638

If

337-341

EDOVARD,

TRAGI-COMEDIE.

CVRVATA RESVRGO

A PARIS,

Chez AVGVSTIN COVRBE', Imprimeur
& Libraire de Monfeigneur Frere du Roy, dans
la petite Salle du Palais, à la Palme.

M. DC. XXXX.

Auec Priuilege de fa Majeflé.

337

A
MONSEIGNEVR
LE DVC
D'ANGOVLESME

ONSEIGNEVR,

Ie vous offre mon Edoüard, que vous receurez s'il vous plaiſt, & pour le merite de ce Prince, & pour le zele de celuy qui vous le preſente. Ie n'aurois iamais eu le courage de vous dédier vn Ouurage ſi mauuais, & le dernier de cette nature que ie pretends mettre au iour, ſi dans la crainte

ã iij

de vous ennuyer ie ne me fusse souuenu de cette bonté auec laquelle vous excusastes ces folies de ma ieunesse, & les authorisastes d'exemples qui peuuent rendre cette occupatiõ glorieuse aux plus illustres Personnes de la terre. Mais parce que vous condamnastes mon dégoust pour les Muses, & la resolutiõ que i'ay prise de les quitter pour iamais, ie vous diray auec quelque espece de honte que ie n'ay point assez de generosité pour accõpagner ces malheureuses iusqu'au bout, que la mesme Rome qui idolatroit la prosperité de Sejan luy tournant le dos vne heure aprés, conuertit à des vsages vils & honteux les superbes Statuës qu'elle luy auoit esleuées, & que i'ay assez frequenté la Cour pour y contracter vn peu de cette humeur lasche, qui nous fait abandonner dans la disgrace ceux que nous adorions dans la bonne fortune. Cette declaration seroit assez honteuse, & vous haïriez sans douté cette bassesse, si ie ne vous disois, MONSEIGNEVR, pour me iustifier vn peu mieux, que ce que

les perſonnes du commun appellent (fortune) ne le fut iamais pour moy, & que
bien que ie ne me ſois iamais veu en eſtat
de faire le genereux, & de meſpriſer vne
choſe dont le Ciel ne m'a eſté que medio-
cremēt liberal, ie ne les ay pourtant iamais
employées à vn office indigne d'elles, &
n'ay rien fait iuſqu'icy qui puiſſe faire croire que i'aye pretendu quelque auancement
par leur aſſiſtance. Que le Siecle ayt de l'ingratitude ou de l'auarice pour elles, il ne
m'importe, mais ſon meſpris m'a eſté auſſi
inſupportable qu'il me paroiſt iniuſte. I'ay
remarqué auec vn de mes amis, qu'il eſt deſ-
auantageux & fatal à vn Gentil-homme,
d'auoir quelqu'vne de leurs graces particu-
lieres, & que ſi vne perſonne de cette condition ſçait ou chanter, ou ioüer du Luth,
ou faire des Vers, quoy que ces occupatiõs
ne le deſtournent point des plus ſerieuſes,
& qu'il s'employe auec honneur à toutes
celles de ſa profeſſion, on oublie tout ce
qu'il a de bon, pour dire, c'eſt vn ioüeur de
Luth, c'eſt vn Muſicien, c'eſt vn Poëte. Le

EPISTRE.

desplaisir que i'en ay m'a fait vn peu trop
estendre sur leur disgrace, mais, MON-
SEIGNEVR, c'est pour vous demander
iustice du tort qu'on fait à vos Filles, vous
estes leur Pere & leur Protecteur, & vous
estes aussi leur Frere, puisque vous estes né
d'vn Pere qui estoit veritablement le leur.
O que ses cendres leur sont encore chetes,
& qu'elles employerent bien tout ce qu'elles auoient de plus lugubre, à deplorer vne
perte sanglante & fatale à tout ce que la
France auoit d'honnestes gens. Ce grand
Prince qui eut toutes les qualitez d'Ale-
xandre, excepté les mauuaises, eut les mesmes sentimens que luy pour les bonnes
choses, & témoigna le mesme respect pour
Ronsard, & les autres personnes de merite, que le premier pour Aristote & pour la
memoire d'Homere. Dans les embarras
d'vn Regne qui demandoit pour le moins
vn homme entier, il treuuoit assez de tran-
quillité pour honnorer de sa presence les
assemblées des Sçauans; Mesme pour esleuer les Sciences à vn supréme degré d'hon-

ij

neur, il ne dédaigna point d'occuper ses
mains si dignement occupées au manie-
ment d'vn Sceptre & d'vne Espée, à ces di-
uertissemens que nos brutaux font vanité
de mespriser. Nous en conseruons les restes côme des tiltres glorieux à tous ceux
qui l'ont imitée, & des argumens tres-puis-
sans pour confondre les maximes de ceux
qui affectent l'ignorance. Ce grand Homme fut l'honneur de son Siecle, mais, helas!
il n'y parut que côme vn esclair, & la mort
impitoyable l'enleuant à ces pauures Or-
phelines, les laissoit inconsolables, si celuy
qui succeda à sa Couronne n'eust aussi suc-
cedé aux bonnes volontez qu'il auoit pour
elles, & si son Deuancier ne leur eust laissé
pour gage de ses affections, vn Fils qui a si
dignement herité de toutes ces rares Ver-
tus qui ont rendu sa vie si illustre. C'est ce-
luy-là, MONSEIGNEVR, de qui ie
parle si tard, & de qui ie parleray peu, ne
doutant point que vous ne souffriez plus
volôtiers les loüanges de vostre Pere, que
celles que toute la Terre vous donne auec

beaucoup de iuftice; auffi auez-vous maintenant trop de folidité pour vous repai-
ftre de fi peu de chofe, & vne ame trop
chargée de gloire pour en attendre quelque accroiffement d'vne perfonne trop
paffionnée pour eftre creuë, & trop peu
confiderable pour adioufter quelque chofe à l'approbation generale. Ie me conten-
teray de dire, apres beaucoup de perfon-
nes, que vous eftes vn abregé du Grand
François, du Grand Charles, & du Grand
Henry fon fucceffeur, de ces trois merueil-
leux Princes, honneur de l'illuftre fang de
Valois, & Peres des Armes & des Lettres.
Tous les exemples de Valeur, de Prudence
& d'amour pour les bonnes chofes, qui fe
remarquent dans ces trois belles Vies, écla-
tent auec excellence dans la voftre, & vous
n'auez point de fujet de vous plaindre de
ces Princes, puis qu'ils vous ont laiffé pour
partage de la Maifon dont vous eftes for-
ty, des qualitez plus recommandables que
leur Couronne. C'eft par là, mieux que par
toutes les autres marques de Grandeur,
que

que voftre naiffance fe découure, & que
vous conferuez l'ancien éclat de ce beau
fang qui a donné tant d'admirables Roys à
noftre France, la cognoiffance de tant d'a-
uantages qui en orgueilliroient fans doute
les plus détachez Philofophés ne peut rien
fur vne vertu confommée, & ne vous em-
pefche point de vous abaiffer tous les
iours à l'eftime & à l'entretien de ceux en
qui vous en découurez quelque rayon.
Ces puiffans charmes qu'elle a pour vous,
m'ont fait croire que vous ne la dédaigne-
riez point en la perfonne mefme de nos
ennemis, & que bien que celle de mon
Edoüard ayt paru à noftre defauantage,
vous ne haïriez point en luy ce que tout le
monde adore en vous. Il fut comme vous
grand Capitaine, liberal, vaillant, amou-
reux, galand & genereux iufqu'au bout, &
il vfa auec tant de moderation des auanta-
gés que fa vertu & la fortune luy donne-
rent fur nous, que les plus zelez des François fe peuuent deftacher fans blafme de
leurs interefts pour rendre à fa memoire

ẽ

ce qu'on luy doit. Il reuient auiourd'huy,
MONSEIGNEVR, mais il reuient hu-
milié où il vint autrefois en armes, & paroiſt en ſuppliant où il parut en conque-
rant. Enfin, MONSEIGNEVR, il vient
renouueller à vos pieds l'hommage qu'il
rendit à vn Roy de voſtre ſang & de voſtre nom, mais ce qui l'obligea pour lors à
des reſſentimens qui nous furent ſi fune-
ſtes, l'obligeroit auiourd'huy à des remer-
ciemens qui me rendroient tres-glorieux
& tres-ſatisfait de mes peines, les receuant
d'vne perſonne de ſa condition. Mais,
MONSEIGNEVR, c'eſt trop vous ennuyer; pardonnez ce long diſcours à la vanité que ie prends de parler long-temps à
vn Prince & de voſtre naiſſance, & de voſtre merite. Depuis que i'ay l'honneur d'e-
ſtre cognu de vous, i'ay conceu vne ſi forte
paſſion pour voſtre ſeruice, que ne me ſen-
tant ny aſſez heureux, ny aſſez honneſte
homme pour vous la teſmoigner autrement, il faut de neceſſité que ie vous l'ex-
prime dans ma lettre, en attendant que le

EPISTRE.

Ciel, par vne grace extraordinaire, & que ie n'ose esperer de luy, me donne les moyens de faire paroistre à tout le monde quelle gloire ie pretends tirer de la qualité de,

MONSEIGNEVR,

Vostre tres-humble, tres-obeïssant,
& tres-fidele seruiteur,
LA CALPRENEDE.

LES ACTEVRS.

EDOVARD.

ELIPS, Comtesse de Salisbury.

LE COMTE de Varuic, pere d'Elips.

ISABELLE, Roine d'Angleterre, mere d'E-
douard.

MORTIMER, Seigneur Anglois, Fauory
d'Isabelle.

LE COMTE de Clocestre.

LE DVC de Nolfoc.

LE COMTE de Betfort.

LE CAPITAINE des Gardes.

VNE DAMOISELLE d'Isabelle.

La Scene est à Londres.

EDOVARD.

EDOVARD

TRAGI-CO MEDIE.

ACTE I.

SCENE PREMIERE.

EDOVARD, ELIPS dans sa Chambre.

EDOVARD.

ADORABLE *subiet d'vne immortelle*
flame,
Qui tiens seule auiourd'huy l'empire de
mon ame,
Et ranges souueraine vn Prince soubs ta loy,
Qui la donnant par tout ne la prend que de toy:
Veux-tu garder tousiours cet orgueil inuincible,

A

EDOVARD,

Ne veus tu pas en fin paraistre vn peu sensible?
Et cette inuiolable & constante amitié
Ne te peut donc toucher d'amour ny de pitié:
Voy que depuis le temps que mon ame engagée
A ta condition a la mienne changée,
Celuy que la naissance auoit rendu ton Roy
Te connoist pour sa Reyne, & ne vid que pour toy.
Mais si ie suis changé par vne amour extréme,
Pourquoy, chere beauté, ne changes tu de mesme?
Pourquoy n'amollis tu ce cœur maistre du mien?
Pourquoy me l'ostes tu qu'en me donnant le tien?
Et pourquoy ne veus tu qu'à iamais nos deux ames
S'embrasent à l'enuy de mutuelles flames?
Sans toy ie n'ayme rien, pour toy i'ay tout quitté,
L'eclat de ma naissance, & cette dignité
Qui m'esleue au sommet de la grandeur supréme,
Ne me sont importuns que depuis que ie t'ayme,
I'abandonne des-ja le soing de mon estat,
De mon peuple & de moy pour vn esprit ingrat.
Ouy ton cœur est ingrat, & si ce mot t'offence,
Pardonne à mon amour ce peu d'impatience,
Et souffre qu'il se pleigne estant si mal traitté
De son peu de bonheur, & de ta cruauté.

ELIPS.

Sire, ie reconnoi l'honneur que vous me faites
Auec tout le respect que vos moindres subietes
Doiuent tousiours auoir pour vostre Majesté,

Et si ie puis parler auec la liberté
Qu'au dessus de mon rang vostre bonté me donne
Les graces que les Roys n'accordent à personne,
Que par vn glorieux, & fauorable choix
Ie reçoy tous les iours du plus braue des Roys,
Et dont tres-iustement ma vanité se flatte
M'accablent de faueurs, & me rendent ingrate.
Ouy, Sire, ie le suis, ie ne le puis nier,
Et si ie prétendois de m'en iustifier
Ce haut degré d'honneur où ie me voy montée,
Cette faueur si grande, & si peu meritée,
Et les preuues que i'ay de vostre affection
Me fermeroient la bouche à ma confusion:
Mais pour cette bonté que ie dois reconnoistre,
Et que vostre grandeur me fait si bien paroistre.
Ay-ie manqué, Seigneur, au respect que ie doy,
Ou de ressentiment des graces de mon Roy
Dans ce faiste orgueilleux où ie suis paruenuë,
Dans ce comble d'honneurs, me suis-ie mesconnuë,
Et n'ay-ie point rendu dans la ciuilité
Tout ce que ie puis rendre à vostre Majesté?

EDOVARD.

Vous n'en rendez que trop, ie le voy bien, Madame,
Mais vous qui penetrez au dedans de mon ame,
Qui voyez mes pensers, & qui les causez tous,
Sçauez bien quels deuoirs ie demande de vous,
Ces honneurs, ces respects, & ces soins ordinaires

EDOVARD,

Que ie ne pretend point que des ames vulgaires,
Et que vous me rendez auec toute la Cour
Contentent ma Couronne, & non pas mon amour:
Cette bruflante ardeur eft trop viue, & trop forte,
Et ne fe peut payer que de la mefme forte,
Elle veut de l'amour, elle veut des bontez,
Qui ne fe treuuent point dans vos ciuilitez,
Vous oblige à m'aymer autant que ie vous ayme,
Que me dōnant à vous, vous vous dōniez de mefme,
Qu'ayans mefme defirs mefme foin, mefmes feux,
Vn amour eternel nous vniffe tous deux,
Et nous faifant goufter des douceurs infinies
Il ne forme qu'vn tout de deux moitiez vnies.
Pourquoy refiftez vous?

ELIPS.

Ah ! Sire, c'eft affez,
Vous eftes vertueux, & vous me connoiffez.

EDOVARD.

Quelle eft cette vertu fi feuere & fi rude,
Qui pour vous obliger à cette ingratitude
Vous deffede d'aymer vn Roy qui meurt pour vous.?

ELIPS.

Ie vous rends les deuoirs que nous vous deuons tous,
Et ie n'ignore point tout ce que la naiffance
Demande pour mon Roy de mon obeïffance:

Mais voyant ce qu'il est, ie voy ce que ie suis,
Ie sçay ce que ie doy, ie sçay ce que ie puis,
Et ie suis resoluë à conserver l'estime
Qu'vn Prince vertueux perdroit apres mon crime.
Ouy, Sire, la vertu que vous aymez en moy
A seule merité les faueurs de mon Roy,
Et vous pouuiez trouuer des beautez plus parfaites
Dans le nombre infiny de vos belles subiettes:
Mais vostre ame plus noble a bien mieux estimé
Cette haute vertu qui l'a tousiours charmé,
Et qui d'vn si beau bruit honorant l'Angleterre,
Le borne seulement des bornes de la terre:
Perdrez vous donc en moy ce qu'on adore en vous,
Ce qui vous rend si grand si reueré de tous,
Et vous fait differer de tant d'autres Monarques
Par vn si haut esclat, & de si belles marques.
Ah, Sire, reuenez de vostre aueuglement
Dans ce penser honteux vostre cœur se dement,
Et vous estouferez si vous m'aymez encore,
Vn desir qui vous nuit, & qui me deshonore:
Considerez vn peu que vous perdez d'honneur
La veufue d'vn fidele, & braue seruiteur,
Qui prodigua sa vie, & son sang pour le vostre,
Et que pour vous en fin a perdu l'vn & l'autre:
Ie croy que ces raisons auront assez de poids
Pour faire reconnoistre au plus iuste des Roys,
Et que pour sa vertu toute la terre adore,
Ce qu'il fut autrefois, & ce qu'il est encore,

EDOVARD,

EDOVARD.

Ie suis vostre en vn mot, c'est tout ce que ie suis,
Ie vous veux adorer, c'est tout ce que ie puis.
Et vos cruelles loix d'vne vertu seuere
Ne me peuuent forcer qu'à ce que ie puis faire,
Mon amour qui des-ia passe en necessité
Ne depend de mon choix ny de ma volonté,
Et ce trait immortel dont mon ame est atteinte
Impose à mon esprit cette douce contreinte,
Ie ne le puis forcer, & vous taschez en vain
Par vos foibles raisons de me l'oster du sein:
I'ayme, ie veus aymer, & mon amour extréme
Demãde aussi de vous que vous m'aymiez de méme,
Et que foulant aux pieds cette seuere loy
Me voyant tout à vous vous soyez toute à moy,
La vertu le permet, & l'amour le commande,
Ne refusez donc point ce qu'amour vous demande,
Ne vous obstinez plus, & souffrez qu'vn baiser.

ELIPS.

C'est trop, Sire, c'est trop, vous voyant abuser
Du rang qui dessus moy vous donne cét empire,
Souffrez que ie l'euite, & que ie me retire.

SCENE
DEVXIESME.

EDOVARD seul.

'EST en vain que tu fuis, ie te suiuray par
    tout,
    Mon amour trop auant veut aller iusqu'au
    bout,
Et ta foible vertu ne te sçauroit deffendre
De celuy qui peut tout & veut tout entreprendre,
Ouy i'executeray ce que i'ay resolu,
Et ie me seruiray d'vn pouuoir absolu
Pour te ranger ingrate au vouloir de ton Maistre
T'apprendre ton deuoir, & me faire cognoistre,
Mes soins, & mes respects ne sont plus de saison,
Vn peu de violence en fera la raison,
Qui par ma passion sera trop excusée,
Et puis dans peu de iours tu seras appaisée.
Lasche, lasche Edouard, quels pensers souffres-tu?
O Ciel, he que deuient ta premiere vertu?
Veux tu que du passé ton changement efface

EDOVARD,

Le moindre souuenir, iusqu'à la moindre trace,
Et que dans les excez, de ton aueugle amour
Ta gloire & ton honneur se perdent en vn iour,
Quoy cette gloire acquise au milieu des allarmes
Dans le sang, la poüssiere, & la fureur des armes
Auec tant de sueur, de peine, & de danger,
Celle qui t'a fait voir le riuage estranger,
Et qui seule allumant le flambeau de la guerre
T'a fait porter si loing les armes d'Angleterre,
Elle qui te trainoit, & pour qui tant de fois
Accablé nuit & iour soubs le faix du harnois
Au milieu des combats, des flammes, de l'orage
Te frayant par le fer vn glorieux passage
Parmy les corps mourans, & le sang qui couloit,
Tu courus orgueilleux où sa voix t'apelloit.
Ah! gloire mesprisée, & jadis tant suiuie,
Tu vois auec horreur mon changement de vie,
Et me mecognoissant en l'estat où ie suis,
Tu me tournes le dos, tu t'en vas, tu me fuis:
Mais malgré les efforts de ma honteuse flame
Quelque bon mouuement qui me reste dans l'ame,
Et qu'en vain mon amour s'efforce d'esbransler
Me contraint de te suiure, & de te rapeller.
Ouy ma gloire reuien, ie suis prest à te suiure,
Loing de toy ie mourois, tu me feras reuiure,
Et chassant de mon ame vn desir furieux,
Tu mettras à sa place vn feu plus glorieux,
Qui m'eschauffant le cœur de plus nobles pensees
                                        Releuera

Releuera l'esclat des actions passées:
Amour retire-toy, tes soings sont superflus,
C'en est fait belle Elips, ie ne vous cognoy plus,
Et vostre souuenir en vain me sollicite,
Ie n'ay plus de folie, & vous plus de merite:
Ie ne m'afflige plus pour vn esprit ingrat,
Vous n'empescherez plus le bien de mon estat,
Et prenant desormais des soins plus necessaires,
Ie ne songeray plus qu'au bien de mes affaires.
Beau dessein, mais, ô Dieu, qu'vn esprit inconstant
Forme sans apparence & perd en vn instant,
Bel esclair dont la flamme aussi-tost disparuë,
Prend sa vie & sa mort en sortant de la nuë,
Et qui frapant nos yeux d'vn esclat impreueu
Se desrobe à la veuë aussi-tost qu'on l'a veu:
I'ay beau deliberer ; mon ame a beau resoudre,
Sur vn dessein naissant Elips lance vne foudre,
Qui renuerse, destruit, & perd en vn moment
Ce reste de raison, & ce bon mouuement:
Que deuiendray-ie dōc, puis que malgré toy-mesme
Tu forces mon esprit à cette amour extréme,
Et regnes dans mon ame auecque tant d'appas,
Pour allumer des feux que tu n'esteindras pas?
Qu'elle n'esteindra pas, esperons mieux, possible,
Qu'à force de l'aimer ie la rendray sensible,
Et que i'amoliray ce cœur de diamant,
Foible, & lasche dessein, mais digne d'vn amant,
D'vn amant, le beau titre, & digne du courage

Du fameux Edouard l'ornement de son aage,
Et qui porta si haut l'honneur, & la vertu:
Delibere donc viste, à quoy te resous-tu?
A mourir en aymant, à viure auec la gloire,
C'est trop, ie cede Elips, vous auez la victoire,
Et ce titre d'amant que ie garde pour moy
N'est pas incompatible auec celuy de Roy;
Le Ciel ne me fit pas de nature impassible,
Vous estes trop aymable, & ie suis trop sensible:
Mais Dieu qui m'interrompt.

SCENE
TROISIESME.

LE COMTE DE VARVIC, EDOVARD.

LE C. DE VARVIC.

LE Roy semble surpris,
Sans doute quelque trouble agite ses esprits,
Ses diuers changemens le font assez paroistre,
Sire,

EDOVARD.
Ah Comte c'est vous.

LE C. DE VARVIC.

> A ce qu'on peut connoistre
> Par les troubles diuers & des yeux & du front,
> Sire, quelque chagrin, est bien grand, & bien prompt,
> Change depuis vne heure vne humeur tousiours gaye,
> Si ie vous suis fidele, & si ma crainte est vraye,
> De grace découurez à ce vieux seruiteur.

EDOVARD.

Comte, vostre amitié vous donne cette peur;
Mais elle est mal fondée, & mon ame ne cache
Dans vn calme profond aucun soin qui me fache,
Je resuois seulement comme par fois ie fais,
Mais c'estoit sans dessein.

LE C. DE VARVIC.

> Ah ! Sire, ie me tais,
> Et par vn tel refus ie puis assez comprendre,
> Que ie perds le respect de vouloir trop apprendre;
> Ie ne m'informe plus, & vostre Majesté
> Excusera mon aage, & cette liberté:
> Mais quoy qu'elle me cache, elle est toute asseurée
> D'vne fidelité d'eternelle durée,
> Et que le plus grand bien qu'elle me peut rauir,
> C'est de me refuser l'honneur de la seruir.

EDOVARD.

Enhardy toy mon cœur, & courageux essaye

EDOVARD,

D'en tirer du secours en luy monstrant ta playe,
Il est pere & fidele, & peut beaucoup pour toy.
Les bonnes volontez que vous auez pour moy
M'obligeroient sans doute à vous dire vne chose,
Qui pour tout l'vniuers me tient la bouche close,
Si i'estois asseuré qu'aprés vous l'auoir dit
I'eusse le mesme empire & le mesme credit:
Sur cette affection que vous m'auez promise,
Et dont vous m'asseurez auec tant de franchise:
Mais Comte ie crains bien.

LE C. DE VARVIC.

Ces soins sont superflus,
Que craignez-vous de moy?

EDOVARD·

Que vous ne m'aymiez plus,
Et qu'ayant sçeu de moy ce que ie deurois taire,
Au lieu de me seruir, au lieu de me complaire,
Et me continuer la bonne volonté
Que vous,

LE C. DE VARVIC.

C'est trop douter de ma fidelité,
Et vous n'aurez iamais vn subjet qui vous serue,
Comme ie le seray sans aucune reserue.

EDOVARD.

Me le promettez vous?

Ouy, Sire.

EDOVARD.

C'en est fait,
Vous vous engagez Comte, & i'en verray l'effect,
Et vous verrez aussi celuy de mes caresses,
Si l'execution respond à vos promesses,
Donc pour ne vous cacher plus long-temps vn secret,
Que vos rares bontez m'arrachent à regret,
Sçachez que i'ayme.

LE C. DE VARVIC.

Eh! bien aymer n'est pas vn crime,
Qui puisse deroger à cette haute estime,
Qui vous rend si fameux au iugement de tous
Et beaucoup d'autres Roys ont aymé deuant vous.

EDOVARD.

Mais i'ayme, le diray-ie? ouy ouy ie le doy dire,
Vostre fille en mon ame establit son empire.

LE C. DE VARVIC.

Ma fille.

EDOVARD.

Ouy la Comtesse, & si vostre amitié,
our vn Roy qui se meurt, n'implore sa pitié,

Si vous ne m'assistez auec cette franchise,
Et cette affection que vous m'auez promise,
Vous me verrez perir, & vous perdrez en moy
Vn amy d'importance, & l'Angleterre vn Roy.

LE C. DE VARVIC.

Ah! Sire, la douleur dont mon ame est atteinte.

EDOVARD.

Voila Comte, voila les effects de ma crainte,
Vostre bouche promet, & vostre cœur dedit,
Ie n'en pensois pas moins, ie l'auois bien predit,
Et ie n'ignorois pas qu'vne amitié commune
Vous attachoit sans doute auecque ma fortune,
Que vous estiez du rang des vulgaires amis;
Que pour vostre interest vous auez tout promis.
Mais que vostre amitié n'estoit pas à l'espreuue
De ces difficultez, où vostre ame se treuue,
Bien, laissez-moy mourir d'amour & de douleur;
Ie n'espere de vous, ny secours ny faueur,
Et vous m'obligerez.

LE C. DE VARVIC.

Sire, Sire, de grace,
Permettez en deux mots que ie vous satisface;
Et que mon desespoir se pleigne de l'employ
Qu'à la fin de mes iours i'ay receu de mon Roy,
I'ay seruy cét estat du plus bas de mon aage,

Auec beaucoup de zele *&* beaucoup de courage,
Et ie n'ay iamais craint ny peine ny danger,
Où vos commandemens ont voulu m'engager:
Le feu Roy le sçauoit, *&* vous, Sire, vous-mesme,
Qui m'auez honoré d'vne faueur extréme,
En me faisant l'honneur de vous seruir de moy,
Dans vn plus glorieux *&* plus honeste employ,
Ie'n puis monstrer encor des marques assez vrayes;
C'est pour vous que ce corps est tout couuert de playes,
Et c'est en vous seruant que ma teste a blanchy
Parmy tant de perils que nous auons franchy:
Certes ce souuenir se doit mieux reconnoistre,
Et ie deuois sans doute esperer d'vn bon maistre,
Tel que l'on vous estime *&* que ie vous connoy,
Vne charge plus digne *&* de vous *&* de moy.
Ie vous seruirois mieux au front d'vne bataille,
A l'attaque d'vn fort au pied d'vne muraille,
Sur la mer, sur la terre, à la mercy des coups,
Qu'en la commission que ie reçoy de vous:
Docques m'estant acquis vne gloire immortelle,
Il faut que ie trauaille à ma honte eternelle,
Et que ie deshonore auec ma trahison,
Et le pere, *&* la fille, *&* toute la maison.
Sire, dispensez-moy d'vne charge si lasche,
Ou souffrez en mourant que ie meure sans tasche,
Qu'auec beaucoup d'honneur, me voyant paruenu
Sans blasme *&* sans reproche à cét aage chenu,
Ma derniere action n'efface point ma gloire,

EDOVARD.

Attachant pour iamais la honte à ma memoire;
Songez aussi pour vous aussi bien que pour moy,
Que cette passion est indigne d'vn Roy.
Et si ie puis parler auec cette franchise,
Que vostre Majesté iusqu'icy m'a permise,
Et qui ne souffre pas que ie vous cache rien,
Regardez.

EDOVARD.

Il suffit, vous discourez fort bien,
Et vos raisonnemens viennent d'vne ame saine,
Qui ne sent point de mal, & conseille sans peine,
Ie ne dispute point, si i'ay quelque raison;
Si i'ay dans mon amour, blessé vostre maison;
Si mon feu vous offence, ou s'il me deshonore:
Mais ie connoistray bien si vous m'aymez encore,
Si vous m'abandonnez me pouuant secourir,
Si vous vous resoudrez à me laisser perir,
Et si vous oublirez, il suffit ie vous quitte,
Vous y pourrez songer, l'affaire le merite.
Adieu.

LE C. DE VARVIC.

Ie vous suy, Sire, & ie sçay mon deuoir.

EDOVARD.

Non, ie vous le deffends, si i'ay quelque pouuoir.

SCENE

SCENE QVATRIESME.

LE C. DE VARVIC seul.

DANS ce coup impreueu d'vne mortelle
    foudre,
Vieillard infortuné que pourras-tu
    resoudre?
Seruiras-tu ton Prince aux despens de l'honneur?
Seras-tu chez toy-mesme infame suborneur,
Et feras-tu toy-mesme en cét indigne office
De l'honneur de ta fille vn honteux sacrifice?
Non, ie n'en feray rien, c'est vn point resolu:
Mais pourras-tu choquer ce pouuoir absolu?
Et refusant au Roy le secours qu'il espere,
Ne redoutes-tu point les traicts de sa cholere?
Sans doute il te perdra : n'importe exposons-nous,
Et pour sauuer l'honneur hazardons son cour-
    roux,
Mais tu dois obeïr à ton Prince qui t'ayme,

C

Obeir à ton Roy pour te trahir toy-mesme,
Et par ton infamie auancer son bon-heur.
Ah ! perissons plustost, & conseruons l'honneur,
I'obeiray pourtant, ie feray mon message :
Mais ie ne le feray qu'en homme de courage,
Ie puis luy proposer sans faire rien de bas,
Et le luy proposant ne luy conseiller pas.

Fin du premier Acte.

ACTE II.
SCENE PREMIERE.

ISABELLE, MORTIMER, ELISE.

ISABELLE.

Ie le preuoyois bien que cette amour naissante,
Par la suite du temps deuiendroit plus puis-
    sante,
Et porteroit enfin cét inconstant esprit
Au delà du deuoir que son rang luy prescrit,
En deuoit-on douter apres la preuue insigne,
Qu'on receut d'vn honneur dont elle estoit indigne.
Ceux qui dans le pays tiennent le premier rang,
Les Comtes, les Barons, & les Princes du sang,
Receuant les couleurs celebrent sa victoire,
Sa Iartiere fameuse eternise sa gloire,
Et cét Ordre naissant, aux siecles auenir
                   C ij

Dans le cœur des Anglois graue son souuenir:
Ce Prince qui fit voir au plus bas de son aage
Mille rares effects d'esprit & de courage,
Et mesla la prudence auecque la valeur,
Succombe laschement, & cede à son malheur.
Son cœur que les perils ne pouuoient point abbatre,
Fait joug à des beautez, dont il est idolatre,
Et rendant à ses pieds des deuoirs superflus,
Il se soubmet, s'oublie, & ne se cognoist plus
Depuis qu'il est espris de cette indigne flame,
Ie perds l'authorité que i'auois sur son ame;
Ie ne maistrise plus cét esprit plein d'amour,
Et la Comtesse Elips le gouuerne à son tour:
Tout cede à son credit, ie luy cede moy-mesme,
Mais le Ciel m'est tesmoing si ce pouuoir supréme,
Que i'auois dans l'estat, & sur l'esprit du Roy
Me fut iamais bien cher que pour l'amour de toy:
Si i'estimay iamais cette pompe importune,
Que pour estre en estat d'establir ta fortune:
Et si ie ne gardois cét empire absolu,
Pour t'esleuer au poinct que i'auois resolu,
Iuge si i'ay raison t'aymant comme ie t'ayme,
Ou plustost ie diray t'aymant plus que moy-mesme,
D'auoir quelque douleur, & quelque auersion
Contre les ennemis de mon affection.

MORTIMER.

Apres tant de faueurs dont vous comblez mon ame,

Comment pourra respondre vn esprit tout de flame,
Aux bonnes volontez que vous me tesmoignez,
Depuis que dans mon cœur doublement vous re-
gnez,
Que peut faire vn subiect que sa bonne fortune,
A peu ioindre auec vous d'vne chaisne commune,
Et qu'auec tant d'esclat de grandeurs & d'appas,
Tout abaissé qu'il est vous ne dedaignez pas
De ces excez d'honneur mon esprit incapable.
Murmure des bontez dont la grandeur l'accable,
Il n'en peut plus souffrir, ny le faix, ny l'esclat,
Et vos faueurs enfin le font mourir ingrat,
Ne vous pleignez donc plus du pouuoir qu'on vous
oste,
Et ne souhaitez point de fortune plus haute,
De grandeur plus parfaite, & de destin plus doux,
A qui possede tout estant aymé de vous,
Le plus superbe rang de toute l'Angleterre,
Le sceptre du pays & de toute la terre
Ne peuuent adiouster, ny bien ny dignité
Au glorieux estat où ie me voy monté,
I'ay plus que ie n'attends, plus que ie ne souhaitte,
Et ma felicité ne me semble imparfaite,
Que pour m'auoir placé dans vn faiste trophaut,
Dont mon ame craintiue apprehende le saut,
Si ma bonne fortune estoit plus moderée,
Certes ie la croirois de plus longue durée,
Mais ie crains que le temps ne vous ouure les yeux,

EDOVARD,

Que vous ne m'aymiez plus en me cognoiſſat mieux,
Et que

ISABELLE.

Je vous deffends d'en dire dauantage,
Eſtouffez en naiſſant vn ſoupçon qui m'outrage,
Et ne m'accuſez point d'vn eſprit ſi leger,
Qu'il face vn choix iniuſte, & le puiſſe changer:
Ie vous ayme, il ſuffit, vous le deuez connoiſtre,
Et cét oubly de vous que vous faites paroiſtre
Ce peu d'ambition que vous me faites voir
Dans voſtre affection m'enſeigne mon deuoir;
Et ie doy reconnoiſtre vne rare franchiſe
Par toutes ces grandeurs que voſtre amour meſpriſe,
I'en veux prendre le ſoing, mais pour vn tel deſſein
Vous me deuez preſter le conſeil & la main,
Il faut que vous aydiez.

MORTIMER.

Ma vie eſt toute preſte,
Diſpoſez de ma main, diſpoſez de ma teſte,
Et ne me priuez point d'vn honneur qui m'eſt deu,

ISABELLE.

Depuis l'amour du Roy mon credit eſt perdu,
Ie ne gouuerne plus, & ie me voy demiſe
De cette authorité que la Comteſſe a priſe,
Perdons ce qui nous nuit, & treuuons vn moyen
Pour rompre cét amour qui s'oppoſe à ton bien.

Il faut guerir le Roy de cette frenesie,
Preuenir son esprit de quelque jalousie,
Chercher quelque remede, ou quelque inuention,
Qui trauerse le cours de cette affection:
Si nous n'y pouuons rien, par ruse & par adresse,
Sans que le Roy s'en doute esloignons la Comtesse,
Les plus sensibles traits que son ame ressent
Ne le toucheront plus pour vn subiet absent,
Et cet esloignement esteindra dans son ame,
Ce brasier violent que sa presence enflamme,
Si cette inuention ne produit point d'effect,
Ayant tout esprouué perdons la tout a fait:
Il n'est point de vertu qui le puisse deffendre,
Pour nostre seureté tout se doit entreprendre,
On ne nous peut blasmer de nuire à qui nous nuit,
Et de vouloir destruire vn mal qui nous destruit.

MORTIMER.

Le zele que mon cœur vous promit par ma bouche,
Ne considere rien en tout ce qui vous touche,
Et les commandemens que ie reçoy de vous.

ELISE.

Madame le Roy vient.

ISABELLE.

                    Adieu, separons-nous,
Ie vay l'entretenir auec toute licence,
Vous luy seriez suspect dans cette conference,

SCENE II

ISABELLE, EDOVARD.

ISABELLE.

Velques nouueaux soucis vous rendent si
  changé,
  Vous paroissez si morne, & si fort affligé,
Vos yeux si languissans, & vostre teint si blesme,
  Qu'à ce que i'en puis voir vous n'estes plus vous-
  mesme,
Auoüez que l'amour a changé vostre humeur,
Que vostre changement passe iusques au cœur,
Que vostre passion cause vostre tristesse,
Et que c'est vn effect des yeux de la Comtesse,
Ne dissimulez point ce qui se void assez.

EDOVARD.

Ie ne vous tairay point ce que vous cognoissez:
Ouy i'ayme la Comtesse, & ie ne puis Madame,
Vous cacher plus long-temps vne si viue flame:
Ouy, ie suis tout en feu, ie ne le puis nier:
Mais qui m'a fait le mal me peut iustifier,
Elips est trop aymable, & l'onne peut sans crime
Auoir pour son merite vne legere estime,

Estant

Estant digne de tout elle est digne d'vn Roy,
Et ce n'est qu'vn tribut qu'elle reçoit de moy.

ISABELLE.

Quoy que la mesdisance auec beaucoup d'outrage,
Ayt voulu publier à son desauantage,
Ie veus bien auoüer à vostre Majesté,
Qu'Elips a du merite, & beaucoup de beauté,
Mais si ie garde encor la dignité de mere,
Qui dans vostre malheur deffend de vous com-
    plaire,
Et si ie puis parler comme autresfois ie fis,
Auec l'authorité que i'auois sur mon fils,
Souffrez l'affection qui vous ouure mon ame,
Pour blasmer vn amour que tout le monde blasme.
Vne simple subiette (excusez ce discours)
Met dans l'oisiueté le plus beau de vos iours,
Et vous fait oublier ce qu'autresfois vous fustes,
L'honneur qui vous suiuoit, la gloire que vous
    eustes
Lors que bien ieune encore auec trop de valeur,
On vous vit animé d'vne belle chaleur
Fendre des escadrons, escheler des murailles,
Et deuoir à vous seul le gain de trois batailles,
Ce fut à vostre nom que la France fremit,
Et que soubs vostre joug l'Escosse se soubmit,
Pour lors mille lauriers ombrageoient vostre teste,
Et reuenant pompeux d'vne illustre conqueste,

Le peuple s'escrioit d'vne commune voix,
Qu'il estoit commandé du plus braue des Roys
Cette haute vertu qu'est-elle deuenuë?
Faut-il que vostre amour la coüure d'vne nuë,
La desrobe à tant d'yeux, & triomphe à son rang
De cét honneur acquis au prix de vostre sang,
Depuis qu'on s'aperçoit que vostre flamme dure
Tout le monde vous blasme, & le peuple murmure?
Il voit auec regret que vostre cœur s'abat,
Que vous auez perdu le soin de vostre Estat,
Et que vous preferez des passions legeres
Au repos du Royaume au bien de vos affaires.
Monsieur, songez à vous, il est encore temps,
Vous pouuez appaiser vos subiets mal-contens,
Dans cette occasion vous rencontrez la gloire,
D'emporter sur vous-mesme vne belle victoire,
Et vous estant vaincu vous ferez voir à tous,
Que pouuant tout sur eux vous pouuez tout sur
*   vous.*

EDOVARD.

L'amour que iusqu'icy vos soins me font paroistre,
Et qui dans vos conseils se fait assez connoistre
De son aueuglement deust retirer vn fils,
Et reduire son ame à vos prudens auis,
Aussi Dieu m'est tesmoin, que si i'estois capable
D'auoir dans ma fureur vn moment raisonnable,
Auec quelque pouuoir de disposer de moy,

Vous me verriez soubmettre à ce que ie vous doy:
Mais croyez que mon mal est vn mal neceſſaire,
Que ie l'euſſe banny ſi ie l'euſſe peu faire,
Et que tous mes efforts n'ont pas eu le pouuoir
D'eſteindre cét amour où ie vis ſans eſpoir:
Le peu que i'ay gaigné ſur l'eſprit d'vne femme,
Les glaces que ſon cœur oppoſe à tant de flâme
Ce viſible meſpris, cette obſtination
Dont ſa fiere vertu combat ma paſſion,
M'ont fait cent fois reſoudre à briſer vne chaiſne,
Que mon eſprit captif porte auec tant de peine:
Mais mon iuſte deſpit, & mon raiſonnement
Contre vn de ſes regards l'ont tenté vainement,
Et c'eſt bon-gré mal-gré, que mon ame ſupporte
Le joug d'vne puiſſante & d'vne main plus forte,
On doit pleindre le mal qu'on me void endurer,
Mon peuple en doit ſouffrir non pas en murmurer,
Il ſe rend criminel s'il en ouure la bouche,
Il doit participer à tout ce qui me touche,
Et de quelque douleur qu'vn chef puiſſe patir,
Tous les membres du corps s'en doiuent reſſentir,
Outre qu'il eſt iniuſte, & que ſa pleinte eſt vaine,
S'il murmure d'vn mal dont i'ay toute la peine,
S'il ſouffre quelque choſe il ne m'eſt point connu,
Ie l'ay d'vn ſoin egal iuſqu'icy maintenu,
Et le profond repos qu'il gouſte dans ma terre,
Ne l'incommode point de foule ny de guerre:
Enfin aucun des miens n'a droit de me blaſmer,

Ny de sçauoir si i'ayme, ou si ie dois aymer.

ISABELLE.

Si cette liberté vous a semblé mauuaise.

EDOVARD.

Madame, vos discours n'ont rien qui me desplaise,
Et vous seule auez droict de condamner vn fils,
Qui reçoit comme il doit l'honneur de vos auis.

SCENE
TROISIESME.

MORTIMER, ELIPS.

MORTIMER.

Vand il deuroit me perdre en sortant de ma
bouche,
Ie vous aduertiray d'vn dessein qui vous
touche,
Pourueu que vous iuriez de le tenir secret.

ELIPS.

Asseurez-vous, Monsieur, d'vn silence discret,

Et que ie ſçauray taire auec aſſez d'adreſſe,
Ce que voſtre bonté confie à ma foibleſſe.

MORTIMER.

Ie l'eſpere, Madame, & c'eſt ſur cét eſpoir,
Que pour voſtre ſalut ie manque à mon deuoir,
Et que ie vous deſcouure vn deſſein de mon maiſtre
Auant que les effects vous le facent connoiſtre:
Sçachez puis qu'il le faut qu'Edouard irrité,
Et preſque au deſeſpoir de ſe voir mal-traitté,
Ne pouuant esbranſler cette haute conſtance,
D'vn amour furieux paſſe à la violence,
Et puis que ſon amour n'a peu vous eſmouuoir,
Il veut tout obtenir d'vn abſolu pouuoir:
Cét eſprit que des-ja la reſiſtance pique,
Veut que tout luy ſoit deu par vn droit tyranni-
    que,
Et perdant le reſpect qu'il vous a teſmoigné,
Il ſe pleint que des-ja vous auez trop regné,
Qu'il ſe veut à ſon tour ſeruir de ſa couronne,
Et de l'authorité que le ſceptre luy donne.
Enfin quoy qu'il arriue il eſt tout reſolu,
Si l'amour ne peut rien de paroiſtre abſolu,
Apres vn tel auis ſongez à vous reſoudre,
Et treuuez vn abry pour euiter la foudre,
Qu'vne main ſouueraine apreſte contre nous,
Entre tous les moyens, ie croy que le plus doux
Dans les extremitez où vous eſtes reduite

Est de vous guarantir par vne prompte fuite,
Dans la commodité de quelque sombre nuit,
Sans doute vous pouuez vous retirer sans bruit,
Et loin de cette Cour vous chercher vn azile,
Pour vn si beau dessein vous en treuuerez mille,
Tous voudront proteger vne foible vertu,
Et sans doute le Roy quelque amour qu'il ayt eu,
Ayant perdu l'espoir auecque la puissance,
En esteindra le feu dans vne longue absence,
Vne franche amitié vous donne cét aduis:
Mais pour l'executer, voyez ce que ie puis,
Disposez du secours que ie vous y puis rendre,
Puisque pour vous seruir ie veux tout entreprēdre.

ELIPS.

I'auois des-ja connu vos bonnes volontez,
Et ie suis redeuable à tant de charités,
Dont mon affliction a receu mille preuues,
Et que vostre vertu tesmoigne aux pauures veufues:
Mais s'il m'estoit permis de douter là dessus,
Ie crerois vos soupçons legerement conceus,
Et i'aurois de la peine à donner ma creance
A de foibles effects d'vne fausse apparence,
I'ay connu iusqu'icy le Roy si vertueux,
Si modeste, si sage, & si respectueux,
Que dans ces noirs soupçons ie crerois faire vn
    crime,
Si iamais mon esprit l'auoit en autre estime,

Et ce font des penfers fi peu dignes de luy,
Que fa iufte rigueur les punit en autruy,
Bien qu'au deffous de luy, ie fuis d'vne naiffançe
Qui me met au deffus d'vne indigne licençe.
Le Comte de Salbric, mon genereux mary,
De qui le fouuenir eft eņçor fi chery
S'eftant perdu pour luy, laiffe trop de memoire,
Et du rang qu'il tenoit, & d'vne haute gloire,
Pour creindre que fon Prinçe eut cette lafcheté
De traitter fon efpoufe auec indignité:
Le Comte de Varuic, mon vieux, & braue pere,
Qui meine dans l'eftat vne vie exemplaire,
Et qui de fon Roy mefme eft fi fort honoré,
Pour creindre cét affront eft trop confideré:
Et certes fi i'allois pour des creintes legeres
Rechercher mon falut aux terres eftrangeres,
Je ferois trop de tort à la vertu d'vn Roy,
Qui ne fit iamais voir que du refpect pour moy.

MORTIMER.

Voftre incredulité veut qu'on la fatisface,
Mais pour la contenter ie cours à ma difgrace,
Et ie treuue ma perte en cette occafion,
Si vous n'auez pour moy de la difcretion:
Mais quoy qu'il m'en arriue, il faut que ie vous dié,
Deuffai-ie à mon Seigneur faire vne perfidie,
Puis qu'il a bien voulu ne s'en fier qu'à moy,
Que ie tiens ce fecret de la bouche du Roy,

EDOVARD;

Ouy le Roy me l'a dit, ie le sçay de luy-miesme,
Apres cette action iugez si ie vous ayme,
Et si ie me hazarde en vous le reuelant,
I'ay voulu destourner ce dessein violent,
Et luy representer quelle honteuse tache
Sa gloire en receuoit, mais mon discours le fasche,
Et me fermant la bouche il m'a rendu confus,
M'ordonnant de me taire, ou de ne le voir plus,
Ce prompt commandement m'a donné quelque creinte.

ELIPS.

Monsieur, vous dois-ie croire, & parlez-vous sans
    feinte.

MORTIMER.

Vous me deuriez, Madame, adiouster plus de foy:
Ie ne dis que trop vray.

ELIPS.

Mais ie connois le Roy,
Il a trop de vertu pour souffrir ces pensees.

MORTIMER.

Ne considerés plus ses actions passees,
Et ne vous flattez plus d'vn deuoir specieux,
Peut estre à l'auenir vous le connoistrez mieux,
Vous verrez les effects.

ELIPS.

N'importe ie suis preste,
A la fureur du Roy i'exposeray ma teste,

                                    Ie luy

Ie luy dois du respect, mais s'il en veut sortir
Ie porte auecque moy de quoy me guarantir,
Dans quelque extremité que ie fusse reduite,
Ce secours est meilleur que celuy de la fuite:
Que ie coure exposée à tant de vains trauaux,
Errante fugitiue à la mercy des eaux,
Aux pays estrangers mandier vn azile,
Si mon cœur & ma main en ont vn plus facile,
Et si i'ay le pouuoir en me perçant le cœur
De fuir la tyrannie & sauuer mon honneur.
Ah ie prends cette route, elle est la plus aisée,
Ce n'est pas d'auiourd'huy que i'y suis disposée,
Et voyant depuis peu les actions du Roy,
Ie m'estois resoluë à tout ce que ie doy,
S'il se met en deuoir de me faire vn outrage,
Il touchera mon sang plustost que mon visage,
Contre tous ses efforts ce fer est mon garant,
Et voyant à ses pieds ce corps froid & mourant
Par le sanglant succez de cette tragedie,
Peut-estre son amour se verra refroidie,
C'est là que ma vertu treuue sa seureté.

MORTIMER.

Ah! ne vous portez point à cette extremité,
Et receuez plustost le conseil qu'on vous donne.

ELIPS.

Dans vn si bon dessein ie n'escoute personne,
Ie vous suis obligée, & mon esprit discret
Sçaura comme il le doit garder vostre secret.

Fin du second Acte.

E

Elle ti
vn po
gnard
sa mar
che.

ACTE III.
SCENE PREMIERE.

ISABELLE, EDOVARD, MORTIMER.

ISABELLE.

Et affaire, Monſieur, merite qu'on y penſe,
Et l'aduis qu'il vous donne eſt de trop d'im-
   portance.
Et vous regarde trop pour eſtre negligé,
Ne le meſpriſez pas.

EDOVARD.

          Je vous ſuis obligé,
Et de voſte amitié i'ay des preuues ſi claires,
Que ces ſoins deſormais n'y ſont plus neceſſaires:
Auſſi quelque credit que vous ajez ſur moy,
Et quoy que Mortimer ſoit tres-digne de foy,
I'ayme mieux hazarder ma vie ou ma couronne,

Que de prester l'oreille à l'aduis qu'il me donne,
Quand par mille tesmoins i'en serois asseuré,
Ie ne crerois iamais qu'Elips ayt conspiré
Contre vn Roy legitime, & contre vn Roy qui
    l'ayme:
Non ie ne le croy pas l'eussai-ie veu moy-mesme,
Et ie dementirois mon oreille & mes yeux,
Pour sa haute vertu dont il faut iuger mieux,
Elle m'est trop connuë, & i'en ay mille preuues
Qui me font adorer ce miracle des veufues.

MORTIMER.

Sire, si ie parlois sur vn soupçon leger,
Peut estre mon aduis se deuroit negliger:
Mais vous l'ayant donné de certaine science,
Obligé du deuoir, & de ma conscience,
Du moins prenez le soin de vous en informer,
Ie ne veux que vos yeux pour vous le confirmer:
Ouy vostre Majesté le peut voir tout à l'heure,
Et si ie suis menteur commandez que ie meure,
Ie m'offre sur ma vie à vous le faire voir,
Si vostre Majesté m'en donne le pouuoir.

EDOVARD.

Songe bien Mortimer à ce que tu proposes,
Regarde encore vn coup l'euenement des choses,
Et ne t'engage point que tres-bien à propos
En le verifiant tu me perds de repos,

Et me faisant armer contre celle que i'ayme;
Sçache que ton aduis m'arme contre moy-mesme,
Et que ne pouuant rien sur vn amour ardent
Son dessein dueré me perd en la perdant:
Mais aussi sois certain si c'est vne imposture,
Qu'auec toute rigueur ie vange son iniure,
Si tu ne me fais voir ce que tu me promets,
N'attends point vn pardon que tu n'auras iamais,
Que ie perde le iour si iamais ie l'accorde,
Ouy ta teste en respond; mais sans misericorde.

MORTIMER.

Ie n'en demande point, si vostre Majesté
Ne se peut esclaircir de cette verité,
Apportez y les soins que la chose demande,

Il luy parle à l'oreille. *Ne vous fiez qu'à vous d'vne affaire si grande,*
Et sur tout regardez comme ie vous ay dit.

ISABELLE.

Desia plus qu'à souhait l'affaire reussit.

EDOVARD.

Ie verray Mortimer si vous estes fidele,
Et ie vay de ce pas la surprendre chez elle.

SCENE
DEVXIESME.

ELIPS, LE C. DE VARVIC.

ELIPS dans sa chambre.

AH! Monsieur, vn discours si peu digne de
    vous,
    Allume mon esprit d'vn tres-iuste courroux,
Et me fait dementir mes yeux & mes oreilles,
Pour ne vous soupçonner de laschetés pareilles,
Donc pour vous honorer d'vne haute faueur :
Le Roy se sert de vous à me perdre d'honneur,
Donc parmy tous les siens par vne grace insigne,
C'est le plus noble employ dont il vous a creu digne,
Et pour luy tesmoigner vostre fidelité
Glorieux comme il est vous l'auez accepté.
Ah! Monsieur, pardonnez à ma iuste cholere
Dans ces commissions ie mescognois mon pere,
Et voulant comparer ce qu'il est auiourd'huy
A ce qu'il fut iadis ie doute si c'est luy :

E iij

Cette vertu chez vous autresfois adorée,
Que dés mes ieunes ans vous m'auez inspirée,
Et qu'auec tant de soin vous me preschiez tousiours,
Peut-elle compatir auecque ce discours,
Pouuez-vous vous resoudre à destruire vn ouurage,
Que vous auez formé du plus bas de mon aage,
Et pour seruir vn Roy dans ses brutalitez
Contre vous seulement faire des laschetez,
Si de cette vertu ie m'estois relaschée,
Ma honte pour iamais vous seroit reprochée,
Si vous ne presentiez le fer & le poison,
A qui perdroit d'honneur toute vostre maison,
I'attendrois de vous seul vne mort legitime,
Vous laueriez ma faute en punissant mon crime,
Et si quelque pitié retenoit vostre bras
Vous vous seriez cruel en ne me l'estant pas:
Sauuez donc mon honneur pour conseruer le vostre,
Et si le Roy me perd, qu'il se serue d'vn autre,
Cét employ siera mieux à tout autre qu'à vous.

LE C. DE VARVIC.

Ie ne puis condamner vn si noble courroux,
Et ie dementirois mes premieres années,
Et les instructions que nous t'auons données,
Si ie desaprouuois contre toute raison
Ce cœur digne de toy digne de ma maison,
Ce cœur hereditaire à toute ma famille,
Et la vertu des miens qui reuit en ma fille.

Ouy eertes i'ay failly, ie ne le puis nier,
Mais s'il m'est bien-seant de me iustifier,
Si ton ressentiment me demande vne excuse,
Ie te veux retirer de l'erreur qui t'abuse
En fidele subiect i'obeïs à mon Roy:
Ie sçay ce que ie puis & ce que ie luy doy,
Et ie me suis chargé de t'apprendre qu'il t'ayme,
T'auertir d'vn dessein que i'ay sceu de luy-mesme:
Mais quoy que son amour te puisse demander,
Ie n'ay pas entrepris de te persuader,
Ie le sers en subiect, ie te conseille en pere,
Et mon authorité t'ordonne le contraire,
Et de souffrir la mort plustost que d'escouter,
Tout ce que de sa part ie te viens rapporter.

ELIPS.

I'y suis bien resoluë, & si le Roy s'emporte
Par-dessus ce qu'on doit aux femmes de ma sorte,
I'ay le remede en main, & ie sçay par ma mort
Guarantir mon honneur d'vn insolent effort.

LE C. DE VARVIC.

Le voicy.

SCENE
TROISIESME.

ELIPS, EDOVARD accompagnez
de Seigneurs Anglois,

ELIPS.

DIeu ie tremble.

EDOVARD.

Elle est toute surprise.
Mais pour luy tesmoigner ma premiere franchise,
Et que rien de sa part ne peut m'estre suspect,
Ie la veux r'asseurer par vn profond respect,
N'allez pas plus auant, que chacun se retire,
Et qu'on me laisse seul, i'ay quelque chose à dire,
se re-｜Dont l'important secret ne veut pas de tesmoin.
ente.

ELIPS.

Ah ! mon cœur, ma vertu t'apelle à ce besoin,
Le cruel se dispose à luy faire vn outrage,
Mais pour la secourir arme-toy mon courage,

Tu ne

Tu ne peux seconder vn plus iuste dessein,
Ny pour vn plus beau coup guider ma foible main.

EDOVARD.

O Dieu qu'ay-ie entr'ouy, mais mon abord la trou-
ble,
Son visage paslit & mon soupçon redouble,
Sans doute elle est coupable : ô Dieu ! seroit-il vray,
Et la dois-ie aborder, ouy ie l'aborderay,
Et sans creindre la mort de la main d'vne femme,
Ie luy decouuriray tout ce que i'ay dans l'ame.

ELIPS.

Il n'en faut plus douter, mon cœur resoluons-nous.

EDOVARD.

Disposez-vous Madame.

ELIPS.

O Dieu.

EDOVARD.

Remettez-vous,
Et ne vous troublez point de remords ny de creintes,
Disposez-vous, Madame, à receuoir mes pleintes,
Me voyant proceder de toute autre façon,
Qu'vn Roy ne le deuroit dans vn iuste soupçon:
Mais ce n'est plus pour vous que ce tiltre me reste,

F

Et ce charme fatal d'vne beauté celeste,
Qui soubmit à vos pieds mes Empires & moy,
Me despoüille pour vous de ces marques de Roy,
Ce n'est donc plus en Roy que ie vous fais ma pleinte,
Dans la iuste douleur dont mon ame est atteinte:
Mais en homme priué qui vous peut reprocher
Ce que sa passion ne vous doit plus cacher.
Ah! Madame, employez vos yeux à cét office,
Vos yeux mieux que vos mains vous rendront ce
　　　seruice,
Et sans faire sur moy des efforts superflus,
Vous mettrez au tombeau celuy qui ne vit plus,
Si vous perseuerez dans la cruelle enuie
D'oster à vostre Prince vne importune vie,
Et de percer ce cœur que vous auez vaincu,
Viuez de la façon que vous auez vescu,
L'ayant tousiours hay perseuerez encore,
Voyez auec horreur celuy qui vous adore,
Et si ce traitement ne cause son trespas,
Acheuez vn trompeur qui ne vous ayme pas,
En me faisant perir par cét œil qui m'enflame,
Vous vous guarentissez de reproche & de blasme,
Vous vous guarantissez d'vn horrible attentat,
Qui touchant ma personne offence tout l'estat,
Et par vne action plus loüable & plus belle,
Vous sauuez vostre sang d'vne honte eternelle,
Ce discours vous surprend, du moins vous le feignez,
Mais cét estonnement que vous m'en tesmoignez,

Ne vient que du regret de vous voir deſcouuerte,
Le Ciel m'ouurant les yeux à deux doigts de ma
        perte,
Par vn ſoin charitable a preuenu mes ſoins,
En me donnant l'aduis que i'attendois le moins:
I'ay ſceu voſtre deſſein, vous le pouuez connoiſtre:
Mais ce reſſentiment que ic vous fais paroiſtre,
Quoy que ma paßion vous puiſſe reprocher,
N'eſt pas pour vous priuer d'vn repos qui m'eſt
        cher,
Quoy que ma belle Elips entreprenne & conſpire
Touſiours ſur mon eſprit elle a le meſme empire,
Et parmy les tranſports de mon reſſentiment,
Quelque aigry que ie ſois ie ſuis touſiours amant,
Bien que ton action parut illegitime,
I'ay prononcé ta grace en apprenant ton crime,
I'ay deſiré la mort que tu me ſouhaittois,
Et i'ay creu comme toy que ie la meritois,
Ie mets à t'obeïr ma meilleure fortune,
Puis que tu hays ma vie, elle m'eſt importune,
Et puis qu'il te deſplaiſt autant que mon amour,
Ie me crerois coulpable en conſeruant le iour,
Ne differe donc plus d'accomplir ton enuie,
Acheue ton deſſein, arrache moy la vie,
Ie t'abſous des ſermens de ta fidelité,
Et tu n'auras iamais plus de commodité,
Nous ſommes ſeuls icy, quel reſpect te retarde
Pour te fauoriſer i'ay fait oſter ma garde,

I'ay tout fait retirer, tout rit à ton deſſein
Pour le faciliter ie te tendray le ſein,
Tu differes craintiue.

ELIPS.

Ah! Sire cette crainte
Porte dans mon eſprit vne ſi viue atteinte,
Que ie reſte confuſe, & mon eſtonnement
Ne ſçauroit digerer ce mauuais traitement
Pour vn ſi foible eſprit cette eſpreuue eſt trop forte,
Vous ſçauez mieux traitter les femmes de ma ſorte,
Et certes la bonté que vous me teſmoignez,
Ou cette affection que pour moy vous feignez,
Par mille autres moyens ſe peut mieux faire en-
tendre,
Que par vn proceder que ie ne puis comprendre.

EDOVARD.

Que tu ne peus comprendre eſprit diſſimulé,
Ay-ie pour m'eſclaircir obſcurement parlé,
Puis-ie plus clairement t'expliquer ton enuie,
D'arracher à ton Roy la couronne & la vie?
Ouy tu veux qu'il periſſe, & de ta propre main
Ne deſguiſe donc rien à qui ſçait ton deſſein,
A qui ton entrepriſe eſt deſia ſi connuë
Sans me la demander ta grace eſt obtenuë,
Quoy que ſur vn amant ton bras ayt attenté,
Il n'eſt point criminel de leze Majeſté:

L'amour que i'ay pour toy de ce crime te laue,
Pour d'autres ie suis Roy, pour toy ie suis esclaue,
Et ce qui passeroit pour vn crime d'Estat,
Pour vne felonnie, & pour vn attentat
Dont l'exemple est horrible à toute la nature,
Est en ma souueraine vne petite iniure:
Elle abhorre ma veuë, elle me veut banir,
Ma passion l'offence, elle m'en veut punir,
Et pour l'executer quelque effort qu'elle face,
Ses yeux & mon amour enterinent sa grace:
Mais ne desguise plus ce que ie sçay trop bien,
Tu repares ta faute en ne me cachant rien,
Et tu doibs receuoir la foy que ie te donne,
Q'en me le confessant ton crime se pardonne.

ELIPS.

Ce que ie puis respondre aux discours que i'entends,
C'est que si vous feignez, vous feignez trop long
    temps,
Ie ne sçay quel plaisir vostre Majesté treuue
A me persecuter par vne telle espreuue,
Si pour vous diuertir vous voulez m'affliger,
Ce diuertissement me semble assez leger,
Sire, ne feignez plus.

EDOVARD.

      Ie ne feins point, Madame,
Et ie vous ay parlé du meilleur de mon ame,

Pleuſt à Dieu que ce fut auec moins de raiſon,
Et que l'aduis que i'ay de voſtre trahiſon
Eut pour tout fondement vne ſimple apparence,
Qui vous laiſſat encor quelque ombre d'innocence,
Ie fuirois les moyens de me deſabuſer,
Vn veritable amour vous voudroit excuſer,
Si mon ſceptre, ou mon ſang vous rendoient inno-
　　cente,
Ie tiendrois deſormais leur perte indifferente,
Et ie donnerois tout pour conſeruer vn bien,
Sans lequel ie ne veux, ny ne pretends plus rien:
Mais i'en ay malgré moy des preuues infaillibles,
Des teſmoins ſans reproche, & des marques viſi-
　　bles.
N'eſtant venu chez vous que tres-bien informé,
Toutes vos actions me l'ont trop confirmé,
I'ay leu dans vos diſcours, voſtre front, & vos ge-
　　ſtes
De vos mauuais deſſeins des marques tres-funeſtes,
Et i'ay de voſtre bouche entr'ouy quelques mots,
Qui m'en ont trop appris, ouy trop pour mon re-
　　pos,
Ie te coniure donc par toutes les penſees,
Que ce cœur enflammé t'a iamais adreſſees
De connoiſtre ta faute, & ce que tu me dois,
Ie t'en coniure icy pour la derniere fois,
Ne me deſguiſe plus vne choſe connuë
Puis qu'auec mon amour ma bonté continuë,
　　iii

Et ne refuse plus vn pardon accordé
A ta confession sans l'auoir demandé,
Voy l'estat deplorable où mon ame se treuue,
Et ne me porte point à la derniere preuue,
Si i'en viens à ce poinct n'espere plus en moy,
Mon amour rebuté ne pourra rien pour toy,
Et ton ingratitude à nous perdre obstinée,
Enfin verra le but où tu l'as destinée.

ELIPS.

Sire, ce foible esprit est tellement confus,
D'entendre des discours qu'il a si peu preueus,
Qu'il voudroit dementir mon œil & mon oreille,
Et ne se connoit plus apres cette merueille,
Ou Sire, vos discours m'ont surprise à tel poinct,
Que ie ne me deffends qu'en n'y respondant point,
Aussi vostre bonté dispensera ma langue
Des inutiles soins d'vne foible harangue,
Qui seroit importune à vostre Majesté :
Ouy, Sire, il est certain que i'ay tout attenté,
Et ie dois auoüer que ie suis criminelle,
Puis que dans son esprit mon Roy me iuge telle,
Ie vous veux obeïr, Sire, en toute façon,
Ouy ie suis criminelle apres vostre soupçon,
Puis que dans vostre cœur vous m'auez condam-
    née,
Si ie m'en deffendois ie serois obstinée,
Vn crime espouuentable, & dont le souuenir

Feroit fremir d'horreur les fiecles auenir,
Oblige vn Roy prudent pour garder fa perſonne
A nous faire perir d'abord qu'il nous ſoupçonne.
Ordonnez donc la mort à qui la doit ſouffrir,
Refuſant le pardon qu'vn Roy luy vient offrir,
Ouy ce corps doit perir apres voſtre creance:
Mais, Sire, cét eſprit ſauue ſon innocence,
Et volant dans le Ciel ſans crime & ſans re-
     mords,
Il laiſſe à vos ſoupçons ce miſerable corps,
Abandonnez le donc au cours de la iuſtice,
Ceux de qui l'amitié me rend ce bon office,
Me ſuppoſant vn crime aſſez mal inuenté,
Souleront de mon ſang leur animoſité,
Mon ame libre, & pure, ira malgré l'enuie
Receuoir le beau prix d'vne innocente vie,
N'ayant eu pour ſon Roy, ny le moindre penſer,
Ny le moindre deſir qui le peut offencer.

EDOVARD.

Vous me faites, Madame, vne grace parfaite,
En vous iuſtifiant comme ie le ſouhaitte,
Et bien que par les miens ie me treuue deceu,
C'eſt le plus grand plaiſir que mon ame ayt receu:
Mais puis qu'vne innocence, & ſi pure, & ſi belle
Deſdaigne les bontez qu'on peut auoir pour elle,
Et qu'vne ame ſans crime abhorre auec raiſon
Les offres qu'on luy fait de grace & de pardon,

Ne

Ne treuuez point mauuais aprez tant de prieres,
Que i'en vienne, Madame, à ces preuues dernieres.
O Ciel il est donc vray, non non, ie n'en croy rien,
Mais en puis-ie douter, ie le voy, ie le tien,
Ie le tien ce cruel qu'vne main parricide
Destinoit laschement à ce dessein perfide:
Ce fer dont cette main s'armoit pour mon trespas,
Mais mes yeux, mais ma main ne m'abusez vous
  pas,
Et m'y puis-ie fier apres cette merueille?
Pourquoy les dementir? ie suis vluant, ie veille,
Ie n'en puis plus douter, ie le tien, ie le voy
Ce fer que cette main destinoit à son Roy,
Monstre d'ingratitude, ame noire, ame lasche,
Qui noircis tous les tiens d'vne eternelle tasche,
Et laisses à ton sexe vne horreur desormais,
Que le temps ny ton sang n'effaceront iamais,
Prodige sans exemple en toute la nature,
Prodige detestable à la race future,
Voy le bel instrument de ton auersion,
Voy ce que tu rendois à mon affection,
Regarde à quel effect l'auois-tu disposée
Cette cruelle main que i'auois tant baisée
Quel cœur elle perçoit, quel sang tu respandois,
Quel coup estoit le tien, & quel Roy tu perdois.

(marginal note: Il luy met la main dans la manche d'où il tire le poignard.)

ELIPS.

Ah Sire.

EDOVARD.

Non perfide il n'eſt plus temps de feindre,
I'en ay deſia trop fait, ie ſuis las de me pleindre,
Puis que tu doibs pleurer , pleure pour tes mal-
　　heurs,
I'ay pour me contenter des remedes meilleurs:
Vn cœur qui te deteſte, vne exacte iuſtice
Pour ordonner le tien, ie quitte mon ſupplice,
I'abhorre ton amour, ie briſe tes liens,
Et ie ſors de tes fers pour te charger des miens,
Tu m'as veu ton eſclaue, & tu me vois ton mai-
　　ſtre,
Ce cœur qui t'adoroit ne te veut plus connoiſtre,
Et le tien trop ingrat ne peut ſans s'abuſer
Attendre le pardon qu'il vient de refuſer.
Le temps en eſt paſſé, quoy que ta beauté face,
Quoy que facent tes pleurs n'eſpere plus de grace,
Puis que tu l'as voulu tu me verras vanger.

EDOVARD.

Hola, qu'on vienne à moy.

SCENE QVATRIESME.

EDOVARD, LE C. DE VARVIC, ELIPS.

EDOVARD.

Oyez de quel danger

Mon Demon tutelaire a guaranty ma teste,
Voyez le fer tout prest, & la main toute preste,
Dont cette ingrate femme alloit percer mon sein,
Et toy lache vieillard complice d'vn dessein,
Qu'vne si foible main n'osoit seule entreprendre
Voy de quelles raisons tu la pourras deffendre,
Voy comment tu payois les honneurs & les biens,
Dont cette main prodigue a comblé tous les tiens.
Si ton ambition n'estoit pas assouuie,
Deuois-tu laschement attenter sur ma vie
Et t'armer contre moy d'vne si chere main ?

Les Sei-
gneurs A-
glois so
rent &
C. de
Varuic
auec eu

G. ij.

LE COMTE.

Ah Sire.

ELIPS.

Escoutez moy.

EDOVARD.

Vous repliquez en vain,
Pour vous iustifier parlez deuant vos iuges,
C'est où vostre innocence aura tous ses refuges,
Vous n'auez plus d'amy, vous plus d'amant en moy,
Ie suis egal pour tous, en vn mot ie suis Roy,
Ie vous laisse Baron vn soin qui vous regarde,
Faites qu'ils soient tenus en bonne & seure garde,
Et pour seruir d'exemple à de pareils excez,
Qu'auec toute rigueur on face leur procez.

ACTE IV

LE COMTE DE BETFORT, LE C.
DE CLOESTRE, LE DVC DE NOLFOC,
EDOVARD dans fa chambre, LE CAPI-
TAINE DES GARDES.

SCENE PREMIERE.

LE DVC DE NOLFOC.

DE quelque affection que voftre ame s'em-
  porte,
 Voftre animofité me femble vn peu trop
  forte,
Et vous precipitez vn peu legerement,
Ce qui fe doit traiter beaucoup plus meurement
Sans les auoir ouys vous donnez leur fentence.
Ah ! leur condition eft de trop d'importance,
Et le crime eft encore affez mal aueré.

Le Roy paroift refuant dans vne chaire tandis que ces Seigneurs s'entre-tiennent.

G iij

E D O V A R D,
LE C. DE CLOCESTRE.

Ah! Monsieur, leur dessein n'est que trop declaré,
Le Roy l'a descouuert par des preuues si claires,
Que les formalitez n'y sont plus necessaires,
Le Ciel a preuenu le damnable succez,
Et nous les descouurant leur a fait leur procez,
Ils sont tous conuaincus d'vn crime tout visible,
Et le simple penser d'vn attentat horrible,
Dont le seul souuenir me fait presque mourir
Sur le premier soupçon les doit faire perir.

LE COMTE DE BETFORT.

Vous estes fort zelé, mais vous allez bien viste,
Et ce n'est pas ainsi que l'on se precipite
Quand il s'agit d'vn crime important à ce point,
Mon ancienne amitié ne les excuse point :
Et ie ne diray pas vn mot en leur deffence,
Puis que de mes discours sa Majesté s'offence,
Non ie n'entreprends point de les iustifier,
Mais du moins leur dessein se doit verifier,
Ceux de leur qualité ne vont pas au supplice,
Sans les formalitez qu'on doit à la iustice,
Et ne sont condamnez que tres-bien à propos.

EDOVARD.

De grace qu'on me laisse vn moment en repos,

Vous allez de ce pas.

LE D. DE NOLFOC.

Il parle au Capitaine des Gardes à l'oreille.

Que sa douleur le trouble,
De moment en moment sa tristesse redouble,
Et ie crains vn chagrin qui va faire empirer,
Mais nous l'importunons, il se faut retirer.

EDOVARD.

Obseruez de tout poinct ce que ie vous ordonne,
Et sur tout gardez-vous d'en parler à personne:
Allez.

CAPITAINE DES GARDES.

I'ay bien comprins vostre commandement,
I'y vole de ce pas.

EDOVARD.

Qu'il vienne & promptement.

SCENE
DEVXIESME.

EDOVARD seul.

REstes imperieux de ma flamme paßée,
Pourquoy bourelez-vous ma coulpable pensée?
  Pourquoy remettez-vous dedãs mon souuenir
Cét objet criminel que vous deuez bannir?
Et pourquoy souffrez-vous la funeste memoire
D'vn cœur si desloyal & d'vne ame si noire,
Tyrans de mon repos, pestes de ma raison,
Pouuez-vous reuenir apres sa trahison?
Et naißez-vous encor de cette viue flame,
Qui pour ce cœur ingrat sceut embraser mon ame?
Ah! ie vous desaduoüe, & ie vous mescognoy
Bourreaux de mon esprit esloignez-vous de
    moy,
Et ne retardez plus le cours d'vne iustice,
Qui finit tous mes maux par vn dernier supplice,
Ie sçauray vous esteindre auec vostre flambeau,
Je vous renfermeray dans vn mesme tombeau,

Et ie

Et ie vous couuriray d'vne nuit eternelle,
Vous enseuelissant auec ma criminelle
Dans de mortels glaçons voftre feu s'efteindra,
Ouy vous mourrez mutins quand l'ingrate mourra,
Quand l'ingrate mourra. Iufte Dieu quel blafpheme,
Quoy mon Elips mourra, ie mourray donc moy-
  mefme,
Le filet de ma vie eft dependant du fien,
L'arreft de fon trefpas fera celuy du mien,
Et pour punir fon crime auec mon innocence,
Il ne faut prononcer qu'vne feule fentence
Vous à qui de fon fort tout le foin eft remis,
Voftre commiffion vous rend mes ennemis,
Et fi vous condamnez mon àymable ennemie,
Vous n'ordonnez qu'à moy la mort & l'infamie:
Mais voftre authorité ne peut rien fur les Rois,
Et ie m'affranchiray de vos feueres loix;
Je la guarantiray, l'ingrate, l'infidele
D'vne punition qui me perd auec elle,
Et ie la puniray de plus cruelles morts
En la forçant de viure auecque fon remords.
Ah! mon affection pourrois-tu bien permettre
Qu'à la rigueur des loix ie la viffe foubmettre,
Et qu'vn barbare coup deftruifit ce beau corps,
Où le Ciel defploya fes plus rares trefors?
Verrois-tu d'vn mefme œil, & d'vn mefme cou-
  rage
Les marques de la mort peintes fur fon vifage?

Verrois-tu ce teint pasle, & verrois-tu ces yeux
De qui ta passion fit ses Roys & ses Dieux,
Viue source autrefois d'vne flame eternelle
Couuerts d'vne nuit sombre & d'vne horreur mor-
     telle;
Ce front blesme & terny, ces leures sans couleur;
En fin tout ce beau corps sans vie & sans cha-
     leur,
Presenter à nos yeux par vn spectacle horrible
Parmy des flots de sang ce beau tronc insensible,
Ah! penser, ah! penser, ie ne te puis souffrir,
Et le tableau hideux que tu me viens offrir,
M'a desia trop puny de mon dessein barbare,
Me faisant ressentir la mort qu'on luy prepare:
Vous viurez chere Elips quand ie deurois mourir,
Et le plus grand danger que ie puisse courir
Me sera bien leger, pourueu qu'il me deliure
D'vne apprehension qui me deffend de viure.
Edouard, Edouard, estouffe ce penser,
Banny ce souuenir qui te doit offencer,
Et qui remet encore à ton ame douteuse
De tes malheurs passez la memoire honteuse,
Peux-tu l'aimer encor ceste fiere beauté,
Ce monstre de malice & d'infidelité,
Dont l'ame sans pitié dedaignoit tes seruices,
Et dont le cœur ingrat rioit de tes supplices:
Celle que tant de soins, de deuoirs & de vœux,
Tant de pleurs respandus, tãt d'amour, tant de feux,

Obligent pour le prix de l'auoir tant seruie
A faire des complots contre ta propre vie.
Ah! ne reuenez point, vos soins sont superflus,
Mon amour, ma pitié, ie ne vous entens plus,
Mon interest en fin m'est plus cher que le vostre,
Et mon ressentiment vous esteint l'vn & l'autre:
Cét empire est perdu que vous auiez sur moy,
Vous me vistes amant; & vous me voyez Roy,
Pour le bien du Royaume il faut qu'elle perisse,
Et le rang que ie tiens m'oblige à la iustice,
Cét Estat a meslé son interest au mien,
Elle vouloit mon sang, il demande le sien,
Et criant que son crime est indigne de grace,
Il attend qu'elle meure, & qu'on le satisface.
Mon peuple arrestez-vous, & pour me tesmoigner,
Qu'encor sur vos esprits vous me laissez regner,
Et que i'ay conserué cette entiere puissance,
Qui m'a rendu si grand par vostre obeyssance,
Craignez dans vostre amour de me desobliger,
Et si vous embrassez le soin de me vanger,
Pour vous en acquiter sans reproche & sans blasme,
Cherchez cette infidele au milieu de mon ame,
Percez ce lasche cœur; adressez y vos coups,
Ils seront tous mortels, ils la blesseront tous,
C'est là qu'elle demeure, & que vostre iustice
Doit porter sa vangeance & mon dernier supplice.
O Ciel, en quel estat me treuuay-ie reduit,
Toy dont le haut pouuoir m'esleue & me destruit,

Et qui fauorisant mes premieres annees,
M'as de ta propre main les victoires donneés.
Certes si mes pechez t'aigrissoient contre moy
Tu pouuois autrement punir vn pauure Roy,
Ta main sur ses Estats pouuoit lancer la foudre,
Reduire ses Palais & ses villes en poudre,
Armer l'onde, la flamme, & tous les elements,
Destruire ce pays iusqu'à ses fondements,
De cette Isle abysmée esteindre la memoire,
Et par vne ruine incroyable à l'histoire,
N'ayent enleué gloire, amis, fortune, & biens,
M'enseuelir enfin dans les cendres des miens.
Ha ! ie voy ce vieillard dont le conseil perfide
Arma contre son Roy cette main parricide.

SCENE III.

EDOVARD, LE C. DE VARVIC.

EDOVARD.

Peu que de mes mains ie n'arrache ce cœur,
Mais il le faut punir auec plus de rigueur,
Et mon ressentiment se rendroit condânable
S'il donnoit à ce traistre vne fin honorable;

Approche malheureux ; approche déloyal,
Vien Dragon alteré de tout le sang Royal,
Et ne redoute point les plus sanglans reproches,
Que ton remords tardif attend de ses approches.
Hé bien meschant ! tu vois que tes complots sont
*   vains,*
Et le Ciel ennemy de tes nobles desseins
M'a descouuert enfin ta loüable entreprise,
Et ce que ta vertu rendoit à ma franchise,
Qu'auois-ie fait ingrat qui t'y deut obliger,
Et de quel desplaisir te voulois-tu vanger?
Ne t'ay-ie point soulé d'honneurs & de richesses?
N'ay-ie pas sur les tiens prodigué mes largesses?
Ne t'éleuay-ie pas au dessus de ton rang,
Pour te rendre pareil aux Princes de mon sang?
Ne te donnay-ie pas pardessus ton attente
La charge la plus haute & la plus importante
Que ton ambition auroit peu souhaiter?
Mais puis que tant de biens n'ont peu te contenter,
Du moins que t'ay-ie fait, parle, i'ayme ta fille,
Et mon amour sans doute offence ta famille,
Elle te deshonore, elle te fait vn tort
Qu'vn homme vertueux doit lauer par ma mort.
Hé bien ! ie dois perir, mais si l'offence est tienne,
A quoy te sert ta main, te seruant de la sienne:
A elle plus que toy subject de me trahir,
A elle plus que toy raison de me hair,
Me veux-tu mieux punir, & te mieux satisfaire;

En me faisant perir par vne main si chere.
Ha! cruel, ha! cruel, à quelle extremité
Me reduit maintenant ton infidelité?
A quoy me contrains-tu, mais ton œil me menace,
Et ce front se releue auecque tant d'audace
Qu'on iugeroit à voir ce sourcil menaçant,
Que ie suis criminel, & qu'il est innocent.

LE C. DE VARVIC.

Ouy, Sire, grace au Ciel, c'est en vostre presence
Que ie veux bien paroistre, auec mesme asseurance,
Mesme œil, & mesme front qu'autresfois i'ay
    paru
Dans le moindre peril que pour vous i'ay couru,
Rien ne m'oblige encore à baisser ceste teste,
Qui pour vostre seruice a tousiours esté preste
A porter vn armet, & s'exposer pour vous
Toute blanche qu'elle est à la gresle des coups,
N'ayant iamais rien fait indigne de ma gloire,
Et de qui le reproche offence ma memoire
Auec ce mesme front, auec ce mesme orgueil
Ie paraistray par tout iusques dans le cercueil;
Quand de mes actions le souuenir me flatte,
Certes dans le passé mon innocence esclate,
Et ie suis trop certain que vostre Majesté
Ne me soupçonne point de cette laschté,
Toutes les actions qu'on remarque en ma vie,
Ont mis ma renommée au dessus de l'enuie,

Et doiuent effacer toute l'impreſſion,
Que vous auez conceû de mon intention:
Ie ſuis innocent, Sire, & quoy que l'on inuente
Contre elle & contre moy, ma fille eſt inno-
 cente:
Ouy, Sire, ie reſpons pour toute vne maiſon,
Qui ne ſe peut tacher d'aucune trabiſon,
Pour vn illuſtre ſang qui tire de ſes peres
Dans mille beaux exploits, mille exemples con-
 traires,
Et qui ne peut noircir ſa reputation
Par le ſimple penſer d'vne noire action.
Ha! Sire, ſi deſia mes actions paſſees
De voſtre ſouuenir ne ſont pas effacées,
Si vous vous ſouuenez du ſang que i'ay perdu
D'vn ſeruice eternel, & d'vn ſoin aſſidu,
Qui m'attachant à vous plus qu'à voſtre cou-
 ronne
Ma fait conſiderer voſtre ſeule perſonne.
Ne deshonorez point vne illuſtre maiſon,
Et contre l'apparence & contre la raiſon,
De tous nos intereſts ſoyez iuge vous-meſme,
Et deſpoüillant pour nous cette bonté ſupréme,
Qui gouuerne ſon peuple auec tant de douceur,
Exercez là iuſtice auec toute rigueur.
Mais, Sire, examinez ſi nous ſommes coulpables,
Ce qui fait naiſtre en nous ces deſſeins deteſtables,
Et pour quel intereſt auons-nous attenté

Contre cette sacrée & sainte Majesté,
Quel espoir, quel motif, nous l'a fait entreprendre,
Quel estoit nostre but ; que pouuions-nous preten-
    dre,
Et si dans ce dessein nous eussions acheué,
Quel bien ou quel honneur nous en fut arriué.
Ha ! Sire, nostre crime a si peu d'apparence,
Que son propre inuenteur parle en nostre deffence,
Et s'il nous accusoit de quelque trahison
Il la deuoit fonder sur vn peu de raison.
Sire, ne croyez point qu'il me reste vne enuie
De me iustifier pour conseruer ma vie,
Ie ne creins point la mort, & ie m'y viens offrir:
Mais c'est en Cheualier, que ie la doy souffrir,
Puis que nos ennemis n'auerent point nos crimes,
Ne m'en refusez point les moyens legitimes,
Tout caduc que ie suis ie les veux demander,
Et vostre Majesté me les doit accorder,
Si nos accusateurs ont assez d'asseurance,
Permettez qu'vn combat decide vne innocence,
Et qu'au prix de mon sang ie sois iustifié.

EDOVARD.

Perfide, ton dessein est trop verifié,
Et l'on ne se sert point de cette procedure,
Dans vn crime si clair, & de cette nature,
Te voyant conuaincu d'vn si noir attentat,
N'espere point de moy la gloire d'vn combat,

Il n'est

Il n'eſt aucun beſoin d'auerer vne affaire
Dont i'ay receu moy-meſme vne preuue ſi claire,
Ie n'en ſuis plus en doute apres ce que i'ay veu,
Et ſi ie' ſuis trompé mes yeux ſeuls m'ont de-
 ceu.
Non ie n'en puis douter, ta fille eſt criminelle,
Et dans ſa trahiſon tu trempes auec elle,
Vn cœur foible & timide, vn bras comme le ſien
Ne l'eut pas entrepris ſans le ſecours du tien,
I'en ſuis trop aſſeuré, tu n'y ſçaurois reſpondre,
Et toutes tes raiſons ne font que te confondre,
Ne replique donc plus, & ſonge ſeulement
Quelle punition, quel horrible tourment
La iuſtice d'vn Roy doit à ta felonnie,
De quel genre de mort peut-elle eſtre punie:
Songe aux plus rigoureux que l'on ayt inuentez,
Et que ton attentat n'a que trop meritez:
Mais de quelque douleur que ton crime me
 bleſſe,
Dans mon reſſentiment regarde ma foibleſſe,
Quoy que la deſloyale attente contre moy,
La qualité d'amant m'oſte celle de Roy;
Ie l'ayme toute ingrate & toute criminelle,
Et mon cœur m'abandonne, & me trahit pour
 elle.
Ouy ie l'ayme, ouy ie l'ayme apres ſa trahiſon,
Mon ame l'a ſuiuie, elle eſt dans ſa priſon,
Et de quelque courroux qu'elle ſoit enflammée

I

Vn seul de ses regards le reduit en fumée.
Ouy, quoy que son salut me deut faire perir,
Ie ne me puis resoudre à la laisser mourir,
Et pour elle & pour toy i'oubliray ma iustice,
Ie pardonneray tout pourueu qu'elle flechisse,
Et que pour reparer son infidelité,
Elle relasche vn peu de sa seuerité,
Ne deséspere point de ma misericorde:
Mais donnant vne grace il faut qu'on me l'ác-
      corde,
Qu'elle change d'humeur, & pour vous & pour
      soy,
Et qu'ayant pitié d'elle, elle ayt pitié de moy.
Iugez apres cela ce que vous deuez faire,
Si vous me respondez que vous estes son pere,
Et que vostre courage abhorre cét employ,
Songez que c'est pour vous aussi bien que pour
      moy,
Et qu'il ne s'agist plus d'vne simple disgrace,
Mais de vostre salut & de toute vne race,
Que mon ressentiment & mon iuste courroux
En vous exterminant accablent auec vous:
Ne luy parlez donc plus par vne obeissance,
Qui vous doit obliger à quelque complaisance:
Mais pour vostre salut, Comte, & vous asseu-
      rez
Qu'il depend seulement de ce que vous ferez.

Ah ! Sire,

EDOVARD.

C'est assez, vostre repart m'offence,
Ne me repliquez point, sortez de ma presence,
Allez, & songez bien apres m'auoir trahy,
Que pour vostre salut ie doibs estre obey.

Fin du quatriesme Acte.

I ij

ACTE V

SCENE PREMIERE.

LE C. DE VARVIC, EDOVARD.

LE C. DE VARVIC.

I'Ay pour vous obeïr faict vne lascheté
Indigne de mon rang & de ma qualité,
Prins vn employ honteux & tres-
    digne de blasme:
Mais puis que maintenant ie dois ouurir mon ame,
Et qu'il me faut enfin rendre compte à mon Roy
D'vne commißion que ie pris malgré moy,
Sçachez que i'ay treuué l'affaire tres-aisée,
Et que pour s'affranchir ma fille est disposée.

EDOVARD.

A quoy Comte?

LE C. DE VARVIC.

A mourir, & sauuer par sa mort
Sa gloire & sa vertu d'un violent effort,
Que vostre Majesté dispose de sa teste,
A vos commandemens son ame est toute preste,
Et se separera sans aucune douleur
De ce tronc qu'elle anime auec tant de malheur,
Les persecutions dont elle est poursuiuie,
Pour se veoir à l'abry luy font hair la vie,
Et contre tous ses maux sa mort est son guarant,
Pourueu que sa vertu se conserue en mourant,
Et que dans le tombeau ce bien la satisface
De n'auoir rien commis indigne de sa race.
Sire, c'est son desir, mais apprenez le mien,
Et puis qu'il n'est plus temps de vous deguiser rien,
Et qu'en ce dernier poinct, où ie voy nos affaires,
Toutes ces laschetez ne sont plus necessaires.
Sçachez que c'est de moy qu'elle tient ce dessein,
Que ie luy doibs prester le conseil & la main,
Et que si la Comtesse auoit une autre enuie,
Ie l'en sçaurois punir en la priuant de vie:
C'est ainsi que mon bras s'offre à la secourir,
Et si l'un a failly, tous deux doiuent mourir.

EDOVARD.

Ouy vous mourrez tous deux, & quoy que cette
ingrate

EDOVARD,

De mon affection trop vainement se flatte,
Et braue auec mespris les bontez de son Roy,
Toute grace est esteinte, & pour elle & pour toy,
Nous en viendrons à bout de cette ame de roche:
Mais mon ressentiment luy doit quelque reproche,
J'en auray le plaisir, & vous l'aurez aussi,
Mais ie differe trop , hola qu'on vienne icy.

S C E N E
DEVXIESME.

EDOVARD, LE COMTE, ISABELLE,
MORTIMER, LE DVC DE NOL-
FOC, LE COMTE DE CLOCESTRE.

EDOVARD parlant au C. des Gardes.

A Llez tout de ce pas me querir la Comtesse,
Et l'amenez bien tost, desia le temps me presse,
Elle vit trop l'ingrate.

LE COMTE.

Elle sçaura mourir.

EDOVARD.

Ha! traiſtre, en ma preſence oſes-tu diſcourir,
Ne me replique point, ou ma iuſte cholere.

ISABELLE.

Cette commiſſion n'eſtoit pas neceſſaire,
Et l'on n'accorde pas la preſence des Rois
A ceux qu'on abandonne à la rigueur des loix,
C'eſt contre la couſtume, & contre l'apparence.

EDOVARD.

La nature du crime y met la difference;
Et ſi ma paſſion ne ſe vange à ſouhait,
Mon eſprit ne ſera qu'à demy ſatisfaict,
Ie luy veux reprocher.

MORTIMER.

Plus les ças ſont enormes,
Et plus les chaſtimens ſe traictent dans leurs formes,
Quelque grand deſplaiſir que vous ayez receu.
Sire, vous pratiquez ce qu'on n'a iamais veu,
Meſme au lieu de ſeruir, ou de vous ſatisfaire,
Cét objeƈt allumant voſtre iuſte colere
Vous pourroit eſmouuoir, & nuire à la ſanté,
Et peut eſtre au repos de voſtre Majeſté.

LE D. DE NOLFOC.

Bien que ce proceder ne ſoit pas ordinaire,

172 EDOVARD.

Peut-estre à son repos il sera necessaire,
Et l'on en tirera des esclaircissemens,
Qu'elle refuseroit aux plus rudes tourmens :
Si son cœur obstiné refuse de respondre,
La presence du Roy la pourra mieux confondre,
Et sans doute ie croy que c'est pour quelque bien,
Que le Ciel à son ame inspire ce moyen.

LE C. DE CLOCESTRE.

Ie ne le comprens point, & quoy qu'on en presume,
Ou de bien ou de mal c'est contre la coustume,
Et tous les criminels sans un heureux succez,
Auprés des souuerains n'ont iamais eu d'accez,
Les Roys se laissant voir ont prononcé leur grace.

EDOVARD.

Il n'importe, souffrez que ie me satisface,
La voicy, iuste Dieu, ie tremble, ie fremis,
Et iamais a l'abord de cent mille ennemis
Mon ame ne parut si viuement esmeuë,
Et mon cœur si troublé, qu'à cette seule veuë,
Que chacun se retire, & qu'on nous laisse icy.

Tous se retirent, hormis le Roy & la Côtesse.

SCENE

SCENE
TROISIESME

EDOVARD, ELIPS.

EDOVARD.

HA! mon cœur, ha! mon cœur te relascher ainsi,
Quoy pour vn simple trait d'vn regard qu'elle lance,
Tu perds toute ta force & toute ta constance,
Reuien lasche, reuien, & ne me quitte pas,
La haine t'a muny contre tous ses appas,
Des charmes si trompeurs n'ont pour toy plus d'amorce,
Et sur ta liberté ses yeux n'ont plus de force.

ELIPS.

Sçache, sçache mourir ayant si bien vescu.

EDOVARD.

Ha! veuë, ha! doux regards, ie suis desia vaincu,
Et de quelque raison que mon cœur vous combatte,
De quel front, de quel œil puis ie aborder l'ingrate,
Tu reuiens mon amour, ma haine t'en est fait,
Mes resolutions vous n'auez plus d'effect.

K

O Ciel que deuiendray-ie, & quel sort dois-ie
　　suiure,
Quel destin est le mien, dois-ie mourir ou viure?
Où suis-ie, iuste Dieu, ie ne me cognois plus,
Mon courroux se dissipe, & ie reste confus.
Toy qui ris dans ton cœur de mon sort lamentable,
Et qui seule as causé cét estat deplorable,
Ou pour t'auoir aymée auec si peu de fruit,
Ton infidelité m'a maintenant reduit,
Regarde mes malheurs, ingrate, & considere
Où ton ingratitude a porté ma misere,
Où ton crime a porté ce miserable Roy,
Qui n'auoit point failly qu'en t'aymant plus que
　　soy,
Voy que tu l'as contreint par vn remede extréme
A contenter les siens au prix de ce qu'il ayme,
Et te sacrifier au courroux d'vn Estat,
Qui demande ta vie apres ton attentat.
Voy quel mal est le sien, puis qu'il faut qu'il respande
Vn sang qui luy fut cher, & que l'on luy demande,
Qu'il doit signer la mort que l'on te veut donner,
Et que tout Roy qu'il est il ne peut pardonner,
Estoit-ce pour le prix de t'auoir tant seruie
Que tu fis laschement ces complots sur ma vie,
Et voulois tu payer tant de zele & d'amour
D'vn Roy qui t'adoroit en le priuant du iour,
Dans mon affection as-tu receu d'offence
Qui te deut obliger d'en tirer la vangeance?

A

Abusay-ie du rang & du pouuoir d'vn Roy,
Ne t'honoray-ie pas autant que ie le doy,
Et m'as-tu veu sortir quelque ardeur qui m'em-
    porte
Du respect qui se doit aux femmes de ta sorte?
Que t'auois-ie donc fait pour me hair si fort,
Quelle gloire, ou quel bien tirois-tu de ma mort?
Ceux que t'auois soubmis au sceptre d'Angleterre,
Vouloient-ils par tes mains renouueller la guerre,
Et dans les bras des miens par vn coup im-
    preueu
Secouër à ma mort le ioug qu'ils ont receu,
Ou mon peuple luy-mesme auoit-il cette enuie,
A-il quelque raison de detester ma vie,
Et dans vn tel dessein se seruoit-il de toy,
Suis-ie tyran, altier, iniuste, ou mauuais Roy?
Ha! cruelle tu vois, à quel malheur extréme
Ta cruauté me traine, en t'y trainant toy-mesme,
Pleust au Ciel, & mon cœur te le proteste
    ainsi,
Pleust à Dieu que desia ton coup eut reussi,
Et que ie fusse mort auec cette creance,
Que tu viuois encore auec quelque innocence,
Je serois guaranty de ce regret mortel,
Qui me va bourreler d'vn remords eternel
Peut estre ta rigueur se souloit de la mienne,
Et ie souffre cent morts en permettant la tienne.

ELIPS se mettant à genoux deuant le Roy.

Bien que de mes desseins le funeste succez
De vostre Majesté me deffende l'accez,
Et que dans les malheurs où ie me vois reduite,
La priere à ma voix soit mesmes interdite,
S'il m'est encor permis de m'approcher de vous,
Ie vous veux coniurer par ces sacrez genoux,
Par ces pieds que mes yeux lauent de tant de
      larmes,
Et qui pour vous fleschir sont mes dernieres armes,
Et par le souuenir de vostre affection
D'auoir pour mes malheurs de la compassion.
Non pas pour m'accorder des graces mesprisées,
Que ma vertu dedaigne & que i'ay refusées,
Apres vostre soupçon i'ayme mieux vne mort,
Qui finit ma disgrace & me met dans le port,
Ie ne desire point vne importune vie
Qu'on verroit de reproche & de honte suiuie,
Et qui par le rapport de ma meschanceté
Se feroit detester à la posterité.
Mais, Sire, ie demande autant qu'il m'est pos-
      sible
A celuy dont le cœur fut autrefois sensible,
Et qui doit m'accorder cette grace en mourant
Qu'on prenne pour me perdre vn pretexte appa-
      rent,
Et qu'on ne souille point d'vne tache si noire

D'vn tres-illuftre fang l'innocente memoire.
Ha! Sire, ouurez les yeux fur cette trahifon,
De grace confultez auec voftre raifon,
Et iugez fainement d'vn foupçon qu'on ne fonde,
Que fur des fondemens les plus foibles du monde:
En fin c'eft vn deffein que vous auiez appris,
Et que vous confirmez par vn poignard furpris,
C'eft l'inftrument maudit qu'vne main plus mau-
    dite.
O Dieu, ce fouuenir me rend toute interdite,
Et quand ie me prepare à vous tirer d'erreur,
Ce penfer feulement me fait fremir d'horreur.
Ha! fi dans voftre efprit quelque foin pitoyable
Dans mon propre intereft me peut rendre croya-
    ble:
Sire, Sire de grace, adiouftez quelque foy
A ce bon mouuement qui vous parle par moy.
Iugez mieux d'vn deffein de toute autre nature,
D'vn cœur plus genereux & d'vne ame plus pure.
Mais puis que l'on m'y force, & qu'à l'extremité
Ie dois tout declarer à voftre Majefté,
Pour euiter le pire, il faut que ie confeffe
Le crime que i'ay fait & qui vous intereffe,
Apres auoir receu fans l'auoir merité
Mille preuues d'amour de voftre Majefté.
Ie vous vis difpenfer à beaucoup de licences,
Vous porter fans refpect dans quelques violences,
Et viure auecque moy d'vne telle façon,

Que vostre changement me donna du soupçon.
Ory, Sire, ie creignis auec quelque apparence
Vn pire traitement, & la derniere offence
Qu'vne foible vertu pouuoit apprehender
D'vn Prince violent, & qui peut commander:
Cette creinte aussi tost reueilla mon courage,
Et ie me resolus à destourner l'outrage
Qu'vn puissant ennemy faisoit à mon honneur,
En portant ce poignard pour m'en percer le cœur.
Ouy c'est contre le cœur de cette infortunée,
Que pour vn plus beau coup ma main fut de-
    stinée:
Le Ciel m'en est tesmoin, ouy ce fut contre moy
Que ie portay ce fer non pas contre mon Roy,
Contre mon Roy de qui la personne sacrée
De ses ennemis mesmes est si consideree,
Luy dont la belle vie & les nobles exploits
L'esleuent au dessus de tous les autres Roys,
Et de qui la vertu sans tache & sans seconde,
A fait que son salut importe tout le monde :
Mais à moy plus qu'à tous à qui par sa bonté
Il a tant tesmoigné de bonne volonté,
A moy qui receuois par dessus ses subjettes
De son affection des preuues si parfaites,
Et qui faisois la vaine en possedant le cœur
De celuy que par tout on adore en vaincœur,
Apres tant de faueurs, tant de bien, tant de
    gloire,

M'accusez-vous d'vn crime, où l'ame la plus
   noire;
Et voſtre plus cruel & plus grand ennemy.
Ne peut auoir ſongé ſans en auoir fremy.
Si voſtre Majeſté doit paroiſtre offencée,
C'eſt d'en auoir conceu quelque indigne penſée,
Et formé des ſoupçons qui luy font quelque tort,
Et ſur quelque apparence, & ſur quelque rap-
   port:
Mais pour vous teſmoigner que ie ſuis verita-
   ble,
Et que dans ce deſir ie ſuis inesbranlable,
Vous me voyez encor dans le meſme deſſein:
Voilà, Sire, voila de quoy percer mon ſein,
                                        Elle tire
Ce poignard charitable aſſiſte ma foibleſſe,   *vn poi-*
Ie l'ay dans l'a priſon recouuré par adreſſe,   *gnard.*
Et ie m'en veux ſeruir auec le meſme cœur,
Si voſtre Majeſté s'attaque à mon honneur.
Ouy ſi vous abuſez, de ce pouuoir ſupréme,
Si vous me puniſſez, en m'oſtant ce que i'ayme,
Et ſi vous preferez de laſches appetits   *Et leue le*
A la haute vertu que vous euſtes jadis,   *bras pour*
Des le premier ſemblant, vous verrez cette lame   *ſe tuer.*
De ce cœur malheureux tirer le ſang & l'ame,
Et vous ſacrifier.

EDOVARD.

        Ce n'eſt pas mon deſſein,

Arrestez-vous, Madame, Arbitre souuerain,
Toy qui vois mes douleurs & ma peine infinie,
Ouure, ouure moy les yeux contre la calomnie,
Tire moy de l'erreur où ma credulité
Assez legerement m'auoit precipité:
Et desarme mon cœur de ce courroux extréme,
Et contre l'innocence, & contre ce que i'ayme,
Mon repos en depend, & ta gloire le veut,
Pour vous iustifier mon cœur fait ce qu'il peut:
Mais de quelque raison qu'il vous veuille def-
     fendre,
Il reste encore vn point que ie ne puis compren-
     dre,
Si vous n'auiez dans l'ame aucun mauuais def-
     sein,
Deuiez-vous emprunter le secours & la main?

ELIPS.

De qui?

EDOVARD.

De Mortimer.

ELIPS.

          Mortimer?

EDOVARD.

          Ouy Madame.

                 A luy

A luy confidemment vous ouuriſtes voſtre ame,
Le voulant engager dedans voſtre party,
Et bref c'eſt de luy ſeul que i'en fus auerty.

ELIPS.

Grand Dieu! ie recognoy que ta bonté diuine
Me tend enfin la main au bord de ma ruine,
Et que me reduiſant iuſqu'à ce dernier poinct,
Ta grace, & ta pitié ne m'abandonnoient point.
Ha Sire! puis qu'enfin le Ciel prend ma defence,
Et de mes ennemis tire mon innocence,
Puis qu'il permet enfin que mes accuſateurs
Par ſa ſeule bonté ſe treuuent impoſteurs:
Souffrez, Sire, ſouffrez, que ie vous eſclairciſſe
Par l'eſtrange recit d'vne horrible malice,
Et qu'on vous face veoir la noire trahiſon
Que Mortimer braſſoit contre noſtre maiſon;
Par celle que l'ingrat vous faiſoit à vous-meſme:
C'eſt luy qui m'auertit de ce danger extréme,
Que mon honneur couroit en ſouffrant voſtre amour,
C'eſt luy qui me preſſa de quitter cette Cour,
D'euiter mon malheur par vne longue abſence,
Et me mettre à l'abry de voſtre violence:
Ce perfide feignant de l'amitié pour nous,
Me iura mille fois qu'il le tenoit de vous.
Ouy, Sire, de vous-meſme, enfin ie le confeſſe,
Les ſermens qu'il me fit tromperent ma foibleſſe,
I'en creus vne partie, & fuyant les auis
Qu'vne ame plus craintiue eut peut-eſtre ſuiuis,

N.

Au lieu de me sauuer, & de prendre la fuite
Dans les extremitez où ie me vis reduite,
N'esperant mon secours que de ma seule main,
Ie luy monstray ce fer, & luy dis mon dessein:
Mais, Sire, mon rapport n'est pas considerable,
Et dans mon interest ie ne suis pas croyable,
Si c'est vne faueur que ie puisse obtenir,
De grace commandez qu'on le face venir,
Et si vostre bonté me veut encore entendre.

EDOVARD.

Ha! ne resiste plus, mon cœur, il se faut rendre.
Pourquoy t'endurcis-tu contre ton propre bien?
Pour la iustifier il ne reste plus rien.
Enfin la verité se fait assez connoistre,
Et mon amour l'absout, & condamne le traistre:
Miracle de vertu, miracle de beauté,
Miracle de constance & de pudicité,
Beau chef-d'œuure adorable à la race future,
Chef-d'œuure le plus beau qu'ayt produit la Nature:
Mais qu'auec tant de cœur, de vertu, de beauté,
Par vne erreur aueugle on a si mal traicté;
Malheureuse beauté, vertu persecutée,
Helas! dans quels malheurs t'ay-ie precipitée?
Et de quelle façon pourray-ie reparer
Ce que ma rage & moy t'auons fait endurer?
Quels biens puis-ie donner, quel sang puis-ie res-
    pandre,
Enfin par quels moyens y puis-ie encor pretendre?

Ha ! ſi ce cœur remply de generoſité
Garde pour ma douleur des reſtes de bonté,
Et ſi ie puis encore implorer ta clemence,
Oublie vn ſi grand crime, & voy ma repentance,
Amollis ce grand cœur iuſtement endurcy,
Ie me iette à tes pieds, i'implore ta mercy,
Ie ne merite point de pardon ny de grace;
Mais ſi tu veux ſouffrir que ie me ſatisface,
Et que quelque pretexte excuſe mon forfait,
Accuſe mon amour du mal que ie t'ay fait:
Mais ie luy preſcriray de meilleures limites,
Et l'auray deſormais tel que tu le merites:
Ie n'auray plus pour toy, ny deſir, ny penſer,
Dont meſme les effects te puiſſent offencer,
Et ie veux reconnoiſtre vne vertu ſi rare
Par des preuues d'amour que l'amour te prepare:
L'honneur que tu perdois te doit eſtre rendu,
Et d'autres où iamais tu n'auois pretendu.
Hola qu'on vienne icy.

SCENE DERNIERE.

EDOVARD, MORTIMER, ISABELLE,
LE C. DE VARVIC, ELIPS, LE
D. DE NOLFOC, LE C. DE CLOCESTRE.

EDOVARD.

Oyez cette merueille,
Regardez ce miroir de vertu nompareille,

Venez participer à mon contentement,
Benir de mon amour l'heureux euenement,
Veoir la fin que le Ciel accorde à mon supplice,
Et la haute vertu qui triomphe du vice,
Vous qu'vn aueugle amant blasma de trahison,
Et de qui maintenant ie demande vn pardon.
Comte, excusez de grace vn traitement barbare,
Puis que ie m'en repens, & que ie le repare,
Ie deuois mieux traiter vn homme vertueux,
Estre plus indulgent & plus respectueux:
Mais puis que mon erreur m'a porté dans vn crime,
Indigne d'vn amant, & d'vn Roy legitime,
Vous verrez à quel poinct ie le veux reparer,
Et de quelle façon ie vous veux honorer.

ISABELLE.

O Dieu ! quel changement contre toute apparence.

MORTIMER.

Ha ! ie suis descouuert, fuyons en diligence.

EDOVARD.

Arrestez, Mortimer, ie veux parler à vous,
Indigne & vil obiet de mon iuste courroux:
Traistre, traistre cent fois, as-tu bien la puissance
De respirer encore & souffrir ma presence?
Fis-tu si peu de cas du repos de ton Roy,
Et de cette bonté qu'il eut toufiours pour toy?
Croyois-tu sans ma mort accomplir ton enuie,
Perdre ce que i'aymois sans me priuer de vie,
Ce que pour moy la terre a d'aymable & de beau.

Bref ce que i'adorois sans me mettre au tombeau?
Ha ! tu le sçauois trop, & ton ame perfide
Tramoit contre moy seul son dessein parricide,
Tu ne le peux nier, ouy ce fut contre moy,
C'est donc à moy perfide à me vanger de toy.

MORTIMER.

Ha Sire ! il n'est plus temps que ma bouche le nie,
Ouy Sire, mon rapport fut vne calomnie,
I'attaquay l'innocence & la seule vertu,
Mais i'auois vn dessein.

EDOVARD.

     Quel dessein auois-tu?
Traistre ta lascheté n'est que trop aueree,
Ie t'en sçauray punir, & ta mort est iuree,
En vn mot souuiens-toy du pacte que tu fis,
Et n'espere de moy que ce que ie promis.
Non non, n'en attends point de pardon ny de
  grace,
Qu'on l'arrache d'icy, que son procez se face,
Qu'on le traite en iustice auec toute rigueur
Comme vn subjet perfide, & comme vn imposteur.

ISABELLE.

Bien que voftre courroux vous rende inexorable,
Sçachez que son dessein n'est pas si condemnable,
Estant ce que ie suis, ie ne vous cache rien,
En vn mot apprenez qu'il fut pour voftre bien,
Il voulut vous guerir d'vn amour que l'on blasme,
Et sauuer vn Estat en perdant vne femme:

En fin il l'entreprit pour fuiure mes auis,
Et ne doit point perir pour les auoir fuiuis,
Ie me feruis de luy pour feruir la Couronne,
Ne m'eftant pas feant de le faire en perfonne.

EDOVARD.

Madame, c'eft affez, ie n'en ay point douté,
Et ie reçoy de vous ces preuues de bonté,
Qui de voftre amitié ne font pas les premieres,
Il deuoit cét office à vos moindres prieres,
Et periffant pour vous, il s'acquite auiourd'huy
Des bonnes volontez que vous auez pour luy,
Vous l'auez plus aymé qu'il n'eftoit neceffaire,
I'en ay receu la honte, & ie m'en deurois taire:
Mais ie fuis trop inftruit, & trop intereffé,
Et ie veux auiourd'huy reparer le paffé,
Et pour voir eftablir l'ordre que ie defire,
Retirez-vous chez vous.

ISABELLE.

Ouy, ouy ie me retire,
Mais fongez bien, Adieu

EDOVARD, parlant au C. des gardes.

Suiuez-la de ce pas,
Gardez bien fon logis, & ne la quittez pas,
Vous fideles tefmoins de ma bonne fortune,
A qui toute ma ioye eft deformais commune,
Voyez mon changement, & regardez mon choix,
Si la Comteffe Elips n'eft pas du fang des Roys,
Sa vertu dont l'efclat honore l'Angleterre,

Merite ſa Couronne, & de toute la Terre:
Il faut que tout luy cede, & qu'eſtant né ſon Roy
Ie ſoubmette à ſes pieds mes Empires & moy.
Deuant vous mes amis ie confeſſe mes crimes,
I'eus pour elle autrefois des feux illegitimes,
Et contre ſon honneur ie fis tous mes efforts,
Mais iugez du ſuccez en voyant mon remords:
Si dans mon repentir le paſſé ſe repare,
Ie veux recompenſer vne vertu ſi rare,
Ce courage Royal & cette pureté
Par ce ſupréme honneur qu'elle a trop merité.
Ouy ſi ic puis tirer cét adueu de ſa bouche,
Ie veux qu'elle partage & mon ſceptre & ma
    couche,
Que vous la connoiſſiez, que vous luy rendiez tous
L'hommage, & les deuoirs que ie reçoy de vous:
Qu'elle atteigne auiourd'huy la grãdeur ſouueraiñe,
Et que vous approuuiez vne ſi digne Reyne,
Me voulez-vous, Madame, accorder ce bon-
    heur?

ELIPS.

Sire, ie ſuis confuſe à ces excez d'honneur,
Et ie me connois trop pour auoir de penſée,
Qui s'eſleue au deſſus de ma grandeur paſſée,
Ie vous rendray touſiours.

EDOVARD.

Madame, c'eſt aſſez,

EDOVARD,

Ou vous estes ma Reyne, ou vous m'obeissez.

ELIPS.

Ouy, Sire, i'obeys, comme ie le dois faire.

EDOVARD.

Il suffit, vous Monsieur me serez-vous contraire,
Et me refusez vous vostre consentement?

LE C. DE VARVIC.

Ha! Sire, ie ne puis dans cét estonnement,
Ny comprendre l'honneur qu'on fait à ma famille,
Ny sçauoir qui ie suis, ny connoistre ma fille.

LE DVC DE NOLFOC.

Que vostre Majesté fait vn tres-digne choix.

LE C. DE CLOCESTRE.

Ceux que vostre valeur a vaincus tant de fois,
Receuant vostre joug vous donnent moins de gloire,
Que vous n'en retirez d'vne telle victoire :
Allons loüer le Ciel pour vn succez si beau.

EDOVARD.

Madame, de ma main receuez cét anneau,
Et prenez d'vn Espoux ce gage qu'il vous donne,
Vostre teste auiourd'huy receura la Couronne ;
Et me donnant à vous ie vous donne ma foy,
Que vous allez regner sur mon peuple & sur moy.

FIN.

LOVIS par la grace de Dieu Roy de France & de Nauarre, A nos amez & feaux Conseillers les Gens tenans nos Cours de Parlement, Maistres des Requestes ordinaires de nostre Hostel, Baillifs, Seneschaux, Preuosts, leurs Lieutenans, & tous autres de nos Iusticiers & Officiers qu'il appartiendra, Salut. Nostre bien amé Augustin Courbé, Libraire à Paris, nous a fait remonstrer qu'il desireroit imprimer, *Vne Tragicomedie intitulée, Edoüard, composée par le Sieur de la Calprenede,* s'il auoit sur ce nos Lettres necessaires, lesquelles il nous a tres-humblement supplié de luy accorder : A CES CAVSES, Nous auons permis & permettons à l'exposant d'imprimer, vendre & debiter en tous lieux de nostre obeissance la Tragicomedie, en telles marges, en tels caracteres, & autant de fois qu'il voudra, durant l'espace de sept ans entiers & accomplis, à compter du jour qu'elle sera acheuée d'imprimer pour la premiere fois ; & faisons tres-expresses defenses à toutes personnes de quelque qualité & condition qu'elles soient, de l'imprimer, faire imprimer, vendre ny distribuer en aucun endroit de ce Royaume, durant ledit temps, sous pretexte d'augmentation, correction, changement de tiltre, ou autrement, en quelque sorte & maniere que ce soit, à peine de quinze cens liures d'amende, payables sans deport par chacun des contreuenans, & applicables vn tiers à nous, vn tiers à l'Hostel-Dieu de Paris, & l'autre tiers à l'exposant, de confiscation des exemplaires contrefaits, & de tous despens, dommages & interests ; à condition qu'il

O

en fera mis deux exemplaires en noſtre Bibliotheque pu-
blique, & vne en celle de noſtre tres-cher & feal le Sieur
Seguier, Chancelier de France, auant que l'expoſer en
vente, à peine de nullité des preſentes : du contenu deſ-
quelles nous vous mandons que vous faſſiez iouïr plai-
nement & paiſiblement l'expoſant, & ceux qui auront
droict d'iceluy, ſans qu'il luy ſoit fait aucun trouble ny
empeſchement. Voulons auſſi qu'en mettant au com-
mencement ou à la fin du liure vn bref extraict des preſentes, elles ſoient tenuës pour deüement ſignifiées, & que
foy y ſoit adiouſtée, & aux copies d'icelles collationnées
par l'vn de nos amez & feaux Conſeillers & Secretaires,
comme à l'original. Mandons auſſi au premier noſtre
Huiſſier oü Sergent ſur ce requis, de faire pour l'execution des preſentes tous exploits neceſſaires, ſans demander autre permiſſion : Car tel eſt noſtre plaiſir, nonob-
ſtant oppoſitions ou appellations quelconques, & ſans
prejudice d'icelles, clameur de Haro, chartre Normande,
& autres Lettres à ce contraires. Donné à Paris le vingt-
troiſieſme de Feburier, l'an de grace mil ſix cens trente-
neuf, & de noſtre regne le vingt-neufieſme. Signé, Par
le Roy en ſon Conſeil, C O N R A R T.

Les exemplaires ont eſté fournis, ainſi qu'il eſt porté
par le Priuilege.

Acheué d'imprimer le 10. iour de May, 1640.